Patrick Chamoiseau

Une enfance créole

I

Antan d'enfance

Préface inédite de l'auteur

Gallimard

Patrick Chamoiseau, né le 3 décembre 1953 à Fort-de-France, en Martinique, a publié du théâtre, des romans (*Chronique des sept misères, Solibo Magnifique*), des récits (*Antan d'enfance, Chemin-d'école*) et des essais littéraires (*Éloge de la créolité, Lettres créoles*). En 1992, le prix Goncourt lui a été attribué pour son roman *Texaco*.

L'INCENDIE
DE LA VIEILLE MAISON

C'était une après-midi de semaine : j'appris la nouvelle. Je me précipitai vers le centre-ville. **Difé !** **Difé !**... *La maison de mon enfance était en train de brûler. De manmans-flammes impatientes la mangeaient. Le feu convulsait au soleil comme une bête sauvage, avec la même folie hagarde, la même énergie destructrice. Les flammes bondissantes raclaient les façades situées aux alentours. Des blocs de fumée noire se dénouaient contre le ciel. Une nuée de braises butinait d'étranges fleurs. Effrayés, les Syriens pratiquaient les gestes de l'exorcisme et amorçaient d'anxieux déménagements. Face aux flammes, se dressait un petit pompier. Il était arrivé assez vite. Il avait déroulé son tuyau, l'avait branché vaillant. Quand l'eau s'y était engouffrée, il s'était aperçu que le tuyau était percé de tout-partout; qu'il s'agitait sous l'impact des fuites comme un ver en souffrance. C'est avec ça qu'il affronta les flammes. Seul. Tout seul avec son corps. Les autres pompiers du pays s'étaient rendus à l'enterrement d'un capitaine-pompier quelque part* dans le Sud. Pour ne pas rater cette belle cérémonie, ils avaient sans doute publié un décret interdisant les feux et autres désagréments. Quand, en costume d'apparat, remontant au difficile les rues bloquées par les voitures, ils rejoindront l'unique petit pompier resté de garde par erreur, il ne restera rien de la maison d'Antan d'enfance.

Nous avions vécu notre enfance dans la crainte du feu. Man Ninotte, ma manman, nous avait alertés une charge de fois sur les malheurs que recelait la plus petite des flammes. Nous vivions sous la menace des lampes à pétrole qui cuisaient le manger et de celles qui, dans les premiers temps, éclairaient nos soirées. Quand surviendra le courant électrique, ce seront ces fils électriques eux-mêmes qui nous menaceront : rongés par les ravets, agacés par les coulées d'eau et le vieilli des gaines, ils étaient la proie d'étincelles féeriques qui répandaient un remugle d'encens, et les plombs sautaient tout le temps. Man Ninotte arborait donc un front chargé et l'œil mobile des vigilances. Elle portait dans sa tête les urgences applicables au moindre lever d'une flamme. Des lots de cases, partout dans Fort-de-France, s'étaient vu avaler avec leurs occupants par une flambée sans nom. La ville tout entière s'était vu dessécher par de vastes sinistres. Personne ne jouait donc avec cette affaire-là. Mais — ô partageurs de cette enfance — nous ne connûmes jamais cette horreur : aucun dragon de braise, aucun bond d'incendie, pièce menace de brûlé. Rien. Rien qu'une vigilance constante des grandes personnes. Pétrifiée. Irréelle. J'avais d'abord eu le sentiment que le vieux bois du Nord des cloisons et des poutres était invincible. Puis, j'avais fini par considérer l'éternelle vigilance de Man Ninotte comme une prudence dénaturée par les effets de l'âge. Un peu comme celle de ces vieux merles qui, dans le silence et l'extrême solitude de la plus lointaine branche, sursautent encore, et frissonnent, et s'inquiètent sans arrêt. Nous abandonnâmes un à un la maison, emportés par les cheminements de la vie. Man Ninotte y demeura seule, soucieuse et attentive comme à l'accoutumée. Mais il n'y eut aucune alerte.

Or, quand elle regagna son quartier natal, au Lamentin, une sorte d'immunité vitale avait dû s'effondrer au mitan de la vieille maison. Man Ninotte était devenue la dernière âme des lieux; seul rempart contre la ruine tapie dans l'ombre; ses sourcils noués avaient dû tenir en respect une horde des flammes coincées en quelque part. Je n'y avais pas remis les pieds. Je longeais sa façade de temps à autre, la distinguant à travers les reflets d'un pare-brise, toujours magique mais délestée d'une part de son aura. Il aura suffi d'un petit court-circuit, dans un des magasins du bas, pour que la vieille maison abandonne ses défenses. Je la soupçonne d'avoir voulu finir-avec-ça, comme disent les vieux-nègres. Les flammes que je vis étaient trop à l'aise. Trop triomphantes. Cela s'est fait trop vite. Aujourd'hui, n'existe plus qu'un trou noirci

11

dans l'alignement de la rue Arago, qu'une défaite de tôles grillées, de ciment violenté par les flammes.

Mon enfance charbonnée.

C'est vieillir un peu. C'est se voir poussé vers plus de solitude, de légèreté malsaine. Debout devant cet incendie, dans la foule en émoi, je contemplais la plus vieille de nos craintes. Je la reconnaissais. Je l'avais mille et mille fois vécue dans les yeux sombres de Man Ninotte. J'éprouvais cet incendie comme l'initiation qui vous défait d'un reste d'innocence. La maison aurait pu disparaître par l'usure, elle aurait pu connaître le choc de ces démolisseurs qui modernisent l'En-ville. Elle a voulu m'offrir la douloureuse confirmation de notre plus grande crainte, acclamation ultime d'une sauvegarde réussie au cœur d'un grand danger.

Antan d'enfance et Chemin-d'école : ces textes s'achèvent donc par un raide incendie. Ils disent de mon enfance, la magie, le regard libre, le regard autre, les effets qui ont structuré mon imaginaire, modelé ma sensibilité, et qui grouillent aujourd'hui dans mes ruses d'écriture. Le feu les a figés désormais. La présence de la vieille maison les autorisait à bouger, à couler, à vieillir, à se voir transformés par de nouveaux détails. Là, maintenant, dans la lueur de forge qui nimbe ma dernière vision d'elle, tout s'est raidi au grand jamais. Raidi et déraidi. Je ne pourrai plus y ajouter une ligne qui ne soit de nostalgie et de regret profond... — donc, qui ne soit étrangère à mon enfance créole.

PATRICK CHAMOISEAU
Favorite, le 17 janvier 1996.

à René de Ceccatty

Trouver en soi, non pas, prétentieux, le sens de
cela qu'on fréquente,
mais le lieu disponible où le toucher.

Édouard Glissant.

Partageurs, ô
Vous savez cette enfance !
(il n'en reste rien
mais nous en gardons tout)

SENTIR

PEUX-TU DIRE de l'enfance ce que l'on n'en sait plus? Peux-tu, non la décrire, mais l'arpenter dans ses états magiques, retrouver son arcane d'argile et de nuages, d'ombres d'escalier et de vent fol, et témoigner de cette enveloppe construite à mesure qu'effeuillant le rêve et le mystère, tu inventoriais le monde?

Mémoire ho, cette quête est pour toi.

Et quel est ce recel, que veut dire cette ruine, ces paysages vides, faussement déménagés? L'oubli, sur place, agriffe encore (impuissant) et traque l'émotion persistante du souvenir tombé. A quoi sert-il, qui dénude tes hautes branches, ce nouvel effeuilleur?

Enfance, c'est richesse dont jamais tu n'accordes géographie très claire. Tu y bous-cules les époques et les âges, les rires et l'illusion d'avoir ri, les lieux et les sensations qui n'y sont jamais nées. Tu y mènes bacchanale de visages et de sons, de douleurs et de dentelles, de brins d'histoires dont rien n'a l'origine, et d'êtres ambigus, aimés ou haïs. Ils furent d'importance et ils le sont encore, tellement tu les dessines, les transportes, les préserves —, mémoire, pourquoi accordes-tu cette richesse sans pour autant l'offrir?

Et quand s'écoule d'un au-delà des yeux, sans annonce ni appel, un lot de souvenirs, quand s'élève en bouffée la mensongère estime d'un temps heureux, que l'on réinvestit cette période sorcière où chaque brin du monde donnait lecture des possibles du monde, où la réalité même du monde était niche indéfinie de fourmis toutes très folles, et que l'on s'y sent, non pas étranger, mais en humeur d'exilé — est-ce, mémoire, moi qui me souviens ou toi qui te souviens de moi?

Mémoire, passons un pacte le temps d'un crayonné, baisse palissades et apaise les farouches, suggère le secret des traces invoquées au bord de tes raziés. Moi, je n'emporte ni sac de rapt ni coutelas de conquête, rien qu'une ivresse et que joie bien docile au gré (coulée du temps) de ta coulée.

Passons un pacte.

Où débute l'enfance? Au souvenir de la vision du monde sous le premier regard? A l'éclaboussure du pays-vu contre la prime conscience? La haute confidente évoque une soirée commencée en douleurs. La valise était prête depuis l'après-Toussaint. Le voyage se fit à pied au long du canal Levassor, vers l'hôpital civil. A 21 heures, un jeudi oui, sous la boule des pluies et des vents de décembre, la sage-femme cueillit le premier cri, et la confidente d'aujourd'hui accueillit « le dernier bout de ses boyaux ». C'était sa manière créole de nommer le cinquième et — en résolution — le dernier de ses enfants.

Quand, aujourd'hui, vient de celui-ci l'étonnement plus ou moins imbécile : Mais manman, pourquoi es-tu montée à pied? *Eti man té ké pwan lajan pou trapé loto-a?* Où aurais-je pris l'argent pour payer la voiture? dit-elle, à la fois fière et consternée.

Il est arrivé à l'homme de refaire ce chemin de naissance. Descendre la rue François-Arago, dépasser l'allégresse odorante du marché aux poissons, puis longer le canal jusqu'au Pont de chaînes. Il lui est arrivé aussi de goûter les soirées du jeudi quand vingt et une heures livraient Fort-de-France aux clous jaunâtres de la lumière publique. Il lui est arrivé, enfin, d'examiner les orages nocturnes de décembre quand ils surgissaient un jeudi, avec l'envie d'y percevoir non pas un signe, mais une sensation familière, une résurgence de la primordiale sensation. Ce fut en vain. L'homme connaît aujourd'hui un faible mélancolique pour les temps de pluies, les vents humides et les nuits advenues en rivière. Peut-être même eût-il été poète s'il n'y avait pas eu autant de mauvais goût dans ces préférences trop évidemment belles.

C'était de toute façon prévisible : le négrillon n'eut rien de très spécial. Petit, malingre, l'œil sans grande lumière, consommant l'art du caprice, il déchaînait des catastrophes en lui-même à la moindre remarque. Il avait le goût d'être hors du monde, de rester immobile sur le toit des cuisines à compter les nuages ou à suivre en transparence les sécrétions de ses pupilles. De frénétiques périodes l'incitaient à tout escalader, comme ces ouistitis dont il avait la corpulence, à peu près le son de gorge et la même énergie corruptrice des patiences. Il fut même (affirme souvent un rancunier grand frère) téteur jusqu'à un âge déconseillé par la raison. Au long des journées, il aurait vocalisé cet unique cri sur un rythme cannibale : *Titac tété!... Titac tété!...* Sans recourir à ce dernier mensonge, c'eût été facile de prévoir l'absence là d'un vrai poète. Ses illusions seules lui firent accroire cette baboule durant les crises d'adolescence.

Son seul génie fut d'être un tueur. Il fut sacré roi (par lui-même) des araignées et des fourmis, des libellules et vers de terre victimes pourtant de ses massacres. Il fut l'Attila des blattes rouges et des gros ravets sombres que l'on criait klaclac. Et il mena campagne contre une colonie de rats impossible à ruiner. Ce tueur a une histoire — la voilà — il est douteux qu'il en soit fier.

Elle prend source dans des périodes de solitude aujourd'hui inexplicables car la maison était full back. C'était une grande caye en bois du Nord, s'étirant dans la rue François-Arago jusqu'à l'angle de la rue Lamartine. Au niveau-rue, les Syriens, propriétaires de l'immeuble, avaient déployé leurs magasins de toiles. Juste à côté de l'entrée, donnant sur l'escalier des appartements, se tenait un atelier de menuiserie. Le négrillon ne le connut jamais mais il en sut de tout temps l'existence : le menuisier, reconverti dans les articles de sport après un incendie, était demeuré là, nostalgique de son art ancien. Il l'invoquait par des réparations inutiles de chaque porte et d'ostensibles outils pour gauchir le moindre clou. Il avait conservé derrière l'oreille un crayon obstiné. Debout sur le pas de son magasin, le regard perdu dans la foule des maquerelles qui en cherchaient la cible, il utilisait son crayon pour prendre mesure du monde. Aucune maquerelle n'a jamais bien repéré l'objet de cette mesure. Cette dernière était pourtant précise : le bougre y consacrait du temps : bras tendu, la pointe du crayon émergeant du pouce et de l'index, mesurant la mesure, mesurant à mesure, mesurant, oui... Quand le mesureur mourut d'un brin de congestion, nul ne pensa à lui mettre le crayon dans la tombe. Le négrillon n'eut aucune larme ; seul d'entre tous, il savait le menuisier djobeur d'une tristesse et mesureur d'un trop de cendres.

L'escalier menait donc à l'étage où restaient les familles, famille Man Romulus, famille Man Ninotte, famille Man La Sirène, famille Man Irénée, famille invisible d'une pacotilleuse invisible, partenaire d'un douanier peu visible dans une amour sporadique mais du mieux passionnée. La pacotilleuse était rare. Elle errait dans les îles anglaises et sur les côtes américaines, d'où elle ramenait des toiles éclairantes, des objets ni français ni catholiques, et des parfums capables d'agir sur les esprits et sur les cœurs. Ses présences dans l'appartement étaient aussi discrètes que ses absences, plus discrètes même que la colonie de rats peuplant les labyrinthes de l'escalier de bois. Seul signalait sa présence, le froufrou des marchandises déballées de nuit et remballées en petites mesures destinées à la vente. Cela remplissait les sommeils d'une messe de papier journal, de tintements de bouteilles, et de l'odeur étrange des génies en exil. Sa présence se signalait surtout par le douanier fidèle, un peu gros, un peu suant, un peu muet, très gentil, que le négrillon d'alors croit avoir vu escalader péniblement les marches de l'escalier. En réalité, réflexion faite, il ne le vit jamais. Il en sut ce qu'on lui en souffla près de dix ans plus tard. La pacotilleuse aussi, il ne la vit jamais (l'appartement fut inhabité depuis avant la naissance même du négrillon), mais son imagination put lui allouer une existence égale à l'aura rémanente de son lointain passage. Les autres enfants étaient nombreux, chaque famille en avait quatre ou cinq. Ils alimentaient une explosive bande qui, toute la sainte journée, dévalait le long couloir et l'escalier. C'est pourquoi il est douteux que le négrillon connût des moments de solitude, même si les souvenirs de son enfance s'amorcent, immanquablement, par des immobilités solitaires. Ces dernières l'érigeront en observateur d'araignées, de fourmis et de ravets, avant — bien entendu — d'en faire un tueur.

Sous l'escalier se profilait une zone d'ombre favorable aux existences interlopes. On y entassait des dames-jeannes, des bouteilles, des bombes, des sachets qui n'appartenaient à personne, ou sans doute à des familles oublieuses. De temps en temps, des piles de boîtes-carton y signalaient l'arrivage de produits syriens. Il y trouvait aussi des caisses, tous modèles de caisses, caisses-morue, caisses-hareng-saur, caisses-pommes-de-terre, recelées par chacun dans l'attente d'un besoin. Tout cela existait par une couche de poussières, dans un univers indescriptible, jusqu'au jour où Man Ninotte (la mère du négrillon) ou Man Romulus, ou Man la Sirène, ou encore Man Irénée, se prenne d'une rage prophylactique, et se mette à tout laver à grande eau, à tout arroser de javel, et à livrer des lots de ruines à la voirie nocturne. Ces nettoyages subits provoquaient moult petits cancans. Le négrillon redécouvrait un monde mort sous le rangement. Son attentive solitude accompagnait alors le retour progressif de ce monde vers l'initial capharnaüm à mesure que la vie, de caisses en cochonneries, y ramenait de la vie.

Araignées, fourmis et ravets grouillaient là. Tant de vie dans cette ombre émerveilla le négrillon. Les toiles d'araignées se déployaient en voilages figés, luisants, chargés des cendres d'une lune morte. Brisées par les quotidiennes récupérations de bouteilles, certaines se tortillaient comme des nattes lamentables, mais les autres s'ouvraient en une broderie subtile, à moitié effacée, miroitant sur l'ombre, et révélant sa cruauté dans l'aveu différé de ses pièges. De nombreux cadavres y pendouillaient, troncs desséchés de moucherons roses, de moustiques, de tout petits ravets, de yen-yen, de papillons nocturnes pris dans l'attrape de dentelle. Cela évoquait un cimetière aérien de bestioles célestes. Les fossoyeurs n'y étaient pas décelables et rien n'en semblait posséder la maîtrise. Cette énigme se défit, tiouf, à l'incident d'une mouche engluée sous ses yeux. Cette mouche en débattre agitait la géométrie élastique et vivante. Se produisit alors l'incroyable. Une diablesse à longs doigts, bien accordée aux fils qu'elle semblait tricoter, surgit véloce d'on ne sait où, et fondit sur sa proie aussi vite qu'en glissade.

La mouche se vit couverte et cessa flap!... de battre. L'araignée lui tissa vite-tout-bonnement une camisole blanchâtre, puis s'immobilisa. La mouche était devenue un cocon adapté à une indéfinissable manière de manger que l'araignée pratiquait avec bel appétit. La bombance achevée, elle alla se poster sur l'épinière de sa toile, reliée au langage vibratoire de son piège. Le négrillon la vit par la suite, elle et d'autres encore, et toute la bande, décimer de petites bêtes ailées. Elles étaient capables d'en envelopper plusieurs presque en même temps. Elles sillonnaient leurs haillons effilés dont les limites indiscernables étaient d'une précision maniaque. Il apprit à les attirer en agitant des endroits de leur toile. Elles se précipitaient, ne trouvaient rien, tournaient, et viraient à leur centre. Durant le guet, elles rapiéçaient leur toile, s'élançaient au bout d'un fil luisant filé de l'abdomen. Souvent, elles se rattrapaient à des franges délitées et les nouaient sans coutures, sans un nœud. Le négrillon stupéfié voyait la ruine prendre une texture impeccable, et il se demandait déjà comment un tel génie pouvait seulement servir à tant de cruauté. Fasciné par cette méchanceté alimentaire, il devint roi des araignées en leur fournissant à manger. C'est pour elles qu'il se fit captureur de mouches à l'aide de timbales tapissées de sucre. Pour elles, il emprisonna dans des bocaux mille peuplades de moustiques razziés sur des toiles noires. Pour elles, il vécut l'œil rivé à la poussière des persiennes, aux jointures du couloir, aux angles morts de l'escalier, traquant la bestiole digne de l'holocauste arachnéen. Quand l'habitude émoussa l'intérêt de ces exécutions, il trouva de quoi mettre de l'ambiance en posant une araignée dans la toile d'une autre, ou en leur livrant des insectes pourvus d'une carapace. Elles devaient alors les affronter longtemps avant de leur abandonner une partie de la toile. Pour ce faire, elles en modifiaient avec patience les lignes de force et l'envahisseur piégé dégringolait tout seul. Ensuite, il se mit à trancher les fils, à des points qui ruinaient l'équilibre sous l'araignée affolée. Enfin, avant l'âge du feu, il se mit à les tuer.

Il avait découvert le miracle des allumettes et la puissance du feu. La maison était en bois. Les incendies de Fort-de-France, avec les cyclones et les inondations, constituaient le panthéon des horreurs créoles. Man Ninotte, qui cuisinait dans l'appartement sur une lampe à pétrole, pratiquait une précautionneuse cérémonie pour allumer cette dernière. Elle commençait par écarter en silence les enfants. Avec des gestes de sénateur, elle pompait le combustible de la lampe, puis, l'œil aiguisé, maniant une minuscule aiguille, elle débouchait l'ouverture où devait s'alimenter la flamme. Après un regard circulaire, elle procédait à la mise à feu. Et c'était là le mystère. Le temps d'une miseconde, le monde restait en suspens à l'abord du carrefour où tout était possible, le désastre encore plus. Chaque existence s'apprêtait au démarrage en flèche. Nombreux étaient les cas d'enfants épluchés, de cases disparues sous la râpe d'une flambée, de lampes explosives à l'instar des chabines. Man Ninotte, de ce fait, tenait discours philosophique sur la puissance du feu. Elle sentenciait pour cela autour de quinze proverbes et de trois belles paroles. C'était assez pour inciter le négrillon à dérober une allumette, puis des boîtes d'allumettes.

C'est dessous l'escalier qu'il explora l'imprécise réalité d'une flamme : une impatience orangée, habitée de transparences et de rouges profonds, surgie de rien, se nourrissant du bois de l'allumette, et s'étouffant de sa propre vigueur. Contempler une flammèche le précipitait dans les anciennetés d'un arrière-monde, dans une fosse de mémoire soudain éveillée sur les craintes les plus sourdes. Le négrillon découvrait en lui d'immémoriales angoisses. Il les sentait s'ébrouer et se taire au rythme sacré de la flamme en déclin. Chaque allumette, outre son mystère, lui apportait une bouffée de plénitude, qu'il recherchait vite-vite dans l'allumette suivante. La boîte y passait flap, sauf si, avant la dernière allumette, l'ivresse songeuse n'avait autorisé quelque flamme à lui lécher le doigt. Alors il lâchait tout, épouvanté, l'imagination mise en torche, s'éloignant de la boîte comme d'un trou de l'enfer. Il y revenait bientôt, comme mouche à miel à son miel, et goûtait de ce dangereux bonheur. Mais cet âge du feu-là fut tardif, en tout cas il succéda à celui des massacres né sommaire des découvertes de la puissance du feu. C'est plus tard qu'il apprendrait que cette force pouvait être — pour les tumultes de l'enfance — source de sérénité.

La flamme dévastait tout. C'était miracle. Les toiles d'araignées flambaient comme pailles-cannes. Les araignées elles-mêmes se divinisaient en étincelles filantes. Le négrillon, maître du feu, faisait place nette sous l'escalier. Soûlerie de tout détruire. Soûlerie de savourer l'énigme d'une araignée rescapée du charbonnage des toiles. Les araignées, bien que régulièrement flambées, se reproduisaient selon une loi qu'il aimât bien conserver à hauteur de mystère (c'était une de ses rares vertus que ce goût d'un accord aux étants incroyables; jamais il ne s'en débarrassera). Poussé par une pénurie d'araignées, il porta le feu chez les ravets et les fourmis. Des colonnes de fourmis hantaient sur les bouteilles quelque reste de sirop. Sous la flamme, elles perdaient leur invisible pasteur et demeuraient incapables d'une convergence durant un et-cætera de minutes. Les niches, elles, devenaient dek-dek, giclaient dans tous les sens et, surtout, dans les ténèbres d'une individualité restituée. Rien n'est plus délirant qu'une fourmi éjectée de son conditionnement collectif. Le feu seul détient cette capacité à frapper leur instinct et à les projeter en elles-mêmes, sur elles-mêmes, dans une sorte de système creux et de vide plein. Les ravets, eux, perdaient leurs ailes dans des crépitements, ou alors en retrouvaient un usage frénétique. L'enfant dut s'enfuir charge-fois de dessous l'escalier quand sa flamme, ayant pénétré un interstice peuplé, provoquait, après l'émoi des larves, un envol de klaclac taciturnes et de vénérables ravets rouges. Ils venaient l'assaillir au visage, le dégoûter de leurs pattes épineuses, et lui infliger l'offense indélébile de leur musc apeuré. Impossible de savoir le nombre d'allumettes consumées pour que les araignées se fassent rares, que les ravets émigrent vers les cuisines et que les fourmis s'enterrent sans disparaître. Le négrillon demeura seul avec son arme dévastatrice devenue dérisoire. Alors, il enflammait des bouchons de liège, des étiquettes de bouteilles, du plastique qu'il aimait voir se tordre. Un jour, il alluma une flamme pour elle-même, pénétrant alors, tout douce oui, dans la sérénité de l'âge magique du feu.

L'âge de l'outil fut celui de la lame Gillette. Le Papa était un élégant. Il se rasait de près et cultivait selon les modes une moustache ou bien des favoris. Il maniait de la mousse et un rasoir dévissable auquel on devait adapter la lame du

34

jour. Ces lames, à l'usage bref, s'entassaient inutiles. Le négrillon découvrit bientôt leur capacité à tout trancher. Comme il ne pouvait zébrer ni rideaux, ni matelas, ni cahiers des aînés (ces derniers trouvaient déjà son existence pour le moins épuisante), le négrillon s'en allait dans son royaume, sous l'escalier, trancher les pattes aux araignées survivantes, aux fourmis un peu rares. Il opérait les ravets (crucifiés par des aiguilles) d'une maladie grave dont il ne savait rien mais qui justifiait d'une dissection en règle. En plus de la maladie, il cherchait des cœurs, des poumons, du sang, des os, un cerveau, une âme, des idées. Il vérifia si araignées et ravets pouvaient vivre sans tête, ou sans abdomen, ou sans pièces pattes, ou alors si une tête d'araignée pouvait fonctionner sans araignée, ou encore si des ailes de ravet étaient capables d'un envol orphelin. Il aurait pu faire avancer la science si l'envie de comprendre ne fut pas trop souvent supplantée par le goût très obscur de trancher. L'âge de la lame fit aussi le malheur des vers de terre, dont il ne comprenait pas l'obstination à vivre en tronçons épars, et celui des libellules capturées sur les lignes où les familles étendaient leur linge aux embellies utiles.

L'heure de la libellule précède celle du soleil. Elle accompagne la rosée — une onction évanescente suintée de la terre car nul ne la voit tomber, et qui couvrait le monde de scintillantes gouttelettes. Le négrillon avait repéré ce mystère quand un désir de suivre Man Ninotte, lancée dans une urgence matinale, l'avait précipité de son lit avant l'aube. Par la fenêtre du couloir d'où l'on apercevait la cour intérieure, les bassins et le toit des cuisines, il voyait le ciel et le dessus du mur coiffé d'herbe née de rien, d'arbustes pensifs et de fleurs minuscules. Et le tout apparaissait vernissé sous l'élan du soleil à peine tiède. Et le vent dispersait des odeurs marines et des secrets de nuits. Il les respirait comme s'il aspirait en lui-même, dans son esprit ouvert, ces émerveilles qui pour lui structuraient seules le monde. Un beau des émerveilles étaient les libellules. Comment croire qu'une ville, avant ses chaleurs, pouvait susciter tant de grâces immobiles dans le vent, tant de finesses miroitantes, de reflets ocre, de reflets verts, de vie silencieuse et secrète, évanouie dès la frappe du soleil ? De droites ailes luisantes visibles lors des pauses, et de gros yeux, veloutés sans brillance, à comme dire mélancoliques. Oh, les libellules menaient calenda autour des gouttes ! Sur le miroir des flaques, elles venaient tressaillir, se saucer, célébrer messe pour l'eau comme des voyageuses de désert gardant souvenir de la plus longue des soifs. Après les avoir capturées, et coupé tout le possible, le négrillon adopta leurs mœurs. Se sacrant prêtre de leur cérémonie, il prit goût d'honorer la rosée comme un arcane des humeurs nocturnes de la terre et du ciel. Certaines libellules lui soufflèrent qu'à ce mélange auguste il fallait ajouter une larme d'étoile, mais lui n'y crut jamais, non par incrédulité mais parce qu'il n'était pas bon — croyait-il — qu'un prêtre eût l'air de gober les niaiseries de ses ouailles, fussent-elles, comme il en concluait au bout de ses songeries, d'une impeccable justesse.

Une nuée de libellules annonçait (c'était fréquent) une journée d'avalasse ou de pluie toute fifine. Le toit de l'immeuble n'étant plus très gaillard, Man Ninotte accompagnait ces jours d'eau-là du plan pou-si-couri-vini destiné à préserver l'appartement de l'inondation. Il y avait d'abord les deux bassines posées dans la salle, l'une à côté du buffet qui perdait son vernis, l'autre sous une des deux fenêtres où les mauvaises jointures autorisaient une descendante de gouttes d'eau, d'abord hésitantes puis quasi continues à mesure que la pluie s'éternisait. Le plafond du séjour s'assombrissait d'auréoles limitées de-ci de-là par les plaques de peinture encore fraîche du dernier nouvel an. Les cloisons de la façade, vite imbibées, libéraient un suint glacé qu'il fallait recueillir dans des haillons à hauteur du plancher. Le plafond de la chambre dont les fenêtres donnaient sur la rue était, à lui seul, une catastrophe. Il exigeait tant de bassines, de haillons, de casseroles, de terrines, de gobelets, et, parfois même, de parapluies, que Man Ninotte y avait accroché un large ciré. Elle l'avait relié par une ficelle de Syrien aux clous plantés dans les quatre coins de la pièce. Le négrillon, délaissant l'escalier ou le toit des cuisines, contemplait, durant l'intempérie, la courbe progressive du ciré sous le poids d'une mare d'eau. Jaunâtre au départ, l'eau ainsi recueillie vieillissait dans la teinte du marron-caca-poule. Durant les mois de pluie, Man Ninotte ne vidait pas le ciré : l'opération était délicate, hasardeuse, pénible. Elle exigeait une concentration que cette négresse guerrière, en gourmade continuelle avec la vie, appliquait à d'autres urgences. L'eau croupissait alors dans son calice de plastique noircissant au fil des pluies et des jours. Dans les temps de chaleur qui suivaient ceux des eaux, son évaporation abandonnait un résidu poussiéreux et noirâtre, serti médiocre des écailles de peinture un tac décolorée.

Ainsi, en début de chaque pluie, Man Ninotte suivie du négrillon inspectait la cuisine, la salle à manger, les deux chambres, vérifiait l'emplacement des bassines, le degré d'absorption des haillons, la résistance du ciré. Parfois, elle se penchait à la fenêtre pour estimer la durée de l'averse *(...A-a fout la pli-a ka fésé ko'y jodi-a .!...)* puis retournait à ses casseroles sans se soucier outre mesure des cirques du ciel. Anastasie, la plus grande des deux sœurs, allait chauffer son lit en compagnie d'une poupée fabriquée par Man Ninotte dans des temps de misère. Elle n'en jouait plus mais ne vivait plus sans elle. C'était une grande câpresse-chabine à gros cheveux, qui assumait le commandement en l'absence de Man Ninotte. Elle avait les mains longues, effilées au point de rendre très douloureuse la moindre tape. Enfreindre ses diktats relevait donc d'une rareté de la folie. D'une autorité invincible, elle avait hérité de Man Ninotte une aptitude à battre la vie, à tout prévoir, à tout savoir, à tout organiser, au point que le Papa (manieur de vocabulaire français, maître ès l'art créole du petit-nom) l'avait surnommée la Baronne. La sœur seconde, Marielle, sorte de câpresse-madère, vaguement indienne, auréolée de l'ancienne pratique d'un basket de compétition, se perdait dans des photos-romans et dans des livres sans images. Celle-ci (le Papa l'avait surnommée Choune) semblait vivre hors de la maison, et hors du monde, réglant sa vie en fonction d'une exigence dont l'horloge était au centre d'elle-même. Pour elle, chacun était sommé de vivre selon son cœur, de faire ou de ne pas faire à sa guise, les seules interdictions édictées étant de ne jamais se coucher sur son lit, de ne pas toucher à son peigne ou bien à ses affaires. D'une humeur égale, peut-être blasée, elle demeurait difficile à surprendre ou à intéresser. Le premier des deux grands frères (un surnommé Jojo par le Papa surnommeur) demeurait durant les pluies (et d'ailleurs le reste du temps) assis à la table de la salle à manger. Au milieu d'un bouquet de livres et de cahiers, il menait une guerre continuelle à des formules algébriques. Il en couvrait des centaines de feuillets en désordre tout-partout. Chacun s'en saisissait, à l'occasion, pour connaître l'angoisse face à ces signes insensés auxquels l'adolescent génial (indifférent au reste) semblait conférer toute puissance d'explication du monde. Le grand frère second, Paul, toujours en guerre avec la Baronne, allait s'asseoir dans l'escalier au bout du couloir, juste devant le palier de Man Romulus, la veuve. Là, visage entre les genoux, transistor à l'oreille, il sombrait dans une sorte d'hypnose rythmée où seuls ses orteils et ses doigts semblaient vivre. C'était un bougre qui expliquait le monde par la musique, mais il semblait avoir déjà perdu l'oreille pour la mélodie des pluies. Il s'était fabriqué une guitare dont il tirait des sons avec des fils de crin. Et ces sons lui suffisaient pour quitter cette terre et s'en aller vers des lieux connus de lui seul, pleins d'un oxygène enivrant. Cela lui conférait le regard opaque des visionnaires et la même inaptitude à laver la vaisselle quotidienne. En fait — la Baronne dut finir par l'admettre — l'enfant était un musicien. Troublé par la silencieuse lutte du ciré et de la mare aérienne, le négrillon s'allongeait dessous, sur le grand lit de Man Ninotte si le Papa n'y était pas en sieste. Il fixait la bosse jaunâtre qui s'alourdissait, à la fois inquiet et impatient de la voir crever sous le poids. Il imaginait, plein d'effroi et de délectation, cette douche brutale qui l'assommerait presque. Parfois, il grimpait sur une chaise pour titiller le ciré du bout d'un doigt. Le plastique semblait toujours trop mou, et la douche toujours très proche. Alors il redescendait vite pour s'allonger, fébrile, juste à l'en-bas.

Les appartements étaient soumis aux mêmes inconvénients. La maison était, semble-t-il, vieille de toute éternité : nul n'a jamais disposé devant le négrillon d'un assez de mémoire pour en évoquer quelque temps de splendeur. Il se demandait toujours, par exemple, quelle en avait été la peinture initiale oubliée de tout le monde. A sa naissance subsistait comme couleur une chimie indéfinissable, écaillée selon ses rapports au soleil, source de poussière et d'une odeur de vinaigre léger. En temps de sécheresse, elle semblait être la mémoire d'une cendre. Sous la pluie, l'air se chargeait des senteurs du bois, et l'énigmatique peinture, gavée d'humidité, prenait une apparence grisâtre, veloutée ou rêche. Elle était alors la nourriture d'un lot d'insectes qui sortaient d'on ne sait, effrayés par la pluie, exaltés par la pluie, et qui occupaient leur peur en parcourant les cloisons devenues vivier tendre.

Man Ninotte et Man Romulus étaient les plus en affaires. Elles prenaient parfois sur elles d'aller décrire les désagréments de la pluie à la Syrie, propriétaire des appartements. Devant elles, ce dernier se réfugiait dans une méditation quasi cataleptique. Seule sa lèvre tiraillée autour d'un fin cigare signalait qu'il était encore là. Man Ninotte et Man Romulus, déroutées, perdaient leur rage. Et quand la Syrie les congédiait pour la énième fois en ressuscitant soudain *(Bon je vais voir ça ces jours-ci)*, elles ne songeaient jamais à réagir comme elles se l'étaient mille fois imaginé : lui voltiger les falaises de tissus, lui saisir la saharienne au col, lui dire par-devant (comme elles le lui disaient par-derrière) : *La Syrie siguine siguine andiète... !...*

Elles s'en revenaient sombres, se voulant malgré tout rassurées. A Man Irénée, guetteuse des nouvelles sur le pas de sa porte, elles sentenciaient sur deux gammes : *La Syrie a dit qu'il va*

voir ça ces jours-ci. Et la maison reprenait son frisson de bois pourri par l'eau, sa friture de tôles
sous les pluies d'hivernage, ses chants de
négresses devant leurs dangereuses lampes, ses
odeurs de sucre cuit, ses bavardages de radios
ouvertes jusqu'à usure des piles, et la brusque
débandade des enfants qui allaient s'asseoir au
bas de l'escalier, devant la rue, et qui, une demi-
heure plus tard, se jetaient dans la même débandade pour se rasseoir en haut, soûlés de leur fra-
cas sur les marches de bois. Leurs montées et
leurs descentes étaient si régulières que Man
Romulus derrière sa Singer à coudre, Man Irénée dans sa cuisine où elle salait ses frites, Man
la Sirène à hauteur de son chapelet, ou Man
Ninotte dans le combat de ses casseroles, pouvaient se faire une idée très exacte de l'écoulée
du temps. Sinon, d'août à novembre, entre les
gouttes, les auréoles, les bassines, les haillons et
les méditations de la Syrie, le temps ne passerait
plus.

Une fois, c'est un vague souvenir, la Syrie leur
expédia un charpentier réparateur de toits. Cet
aigre nègre charriait ses outils dans un sac de
cuir doux. Il pénétra dans la maison avec l'air
de ne pas trop en croire les cocos de ses yeux. Il
évaluait à l'orteil la résistance un peu lasse de
l'escalier. Observant l'assemblage des planches
et des poutres (charpenterie impeccable, de

science ancienne déjà collectivement perdue) il bougonnait : *Joy bel kay!*... sacrée maison..., tout en demeurant consterné que l'on puisse, en ces époques de pluies, d'incendies et de cyclones, s'obstiner à vivre dans autre chose qu'un block-haus de béton. Les nègres, expliquait-il, avaient déjà donné dans les cases en paille, puis dans les cases en bois, puis dans les cases en fibrociment... Vu leur prédisposition à être rayées des surfaces de notre boue, ces qualités de cases ne furent jamais vraiment des donnés du Bondieu. Il avait lu dans quelque ouvrage philosophique une affaire de petits cochons et il expliqua à Man Romulus (même pas impressionnée) que le ciment était non seulement porteur d'avenir mais aussi d'un art de vivre. Charpentier par hasard, il était aujourd'hui cimenteur par voca-tion, c'est-à-dire par sens du moderne et vision du futur. Et il concluait : Le seul petit cochon qui échappa ainsi au loup fut bâtisseur d'une maison en ciment. *Quel loup est-ce là ?* lui grinça Man Romulus, *y'a pas pièce loup ici!*... *C'était une allégorie,* lui répondit-il, *tu peux mettre un serpent à la place. Moi, j'ai jamais vu,* protesta Man Ninotte, *un serpent manger un cochon...* Le char-pentier, affligé, cessa de discuter avec tant d'ignorance, et sortit son crayon de métier. Chaque famille lui exposa ses misères, lui mon-tra les coulées, les auréoles, les gonflements de ses cloisons, chacun lui tint un décompte de litres par semaine et de gouttes à la seconde. Il écouta avec l'air de comprendre. Puis il monta au grenier pour accéder au toit.

L'ouverture se trouvait dans le couloir, pile devant la porte de Man Irénée. Il souleva la trappe, et, devant le négrillon ébahi, quitta l'échelle pour l'espace sombre dessous les tôles. Il y eut un silence avant l'agonie. Le charpentier là-haut se mit à hurler, et puis à geindre, et puis à injurier une colonie de machins qui le griffaient, le mordaient, soulevaient autour de lui un oh-la de poussières. Il en descendit pied-pour-tête et prit-courir en proférant une rare malédiction. Il revint quelque temps après, convaincu par la Syrie, et prit garde d'évacuer d'antiques chats édentés, vingt-deux chauves-souris, et une affaire de rats pas si méchante que ça. Puis, il se mit au travail, installant de nou-velles tôles, colmatant certaines, réparant les gouttières. On le voyait suspendu au bord de la façade, sans même un fil pour fermer son tom-beau, travaillant avec une conscience de foubin jusqu'au clos du chantier. A midi, il demeurait dans le grenier. On l'y entendait festoyer soli-taire et nommer chacune de ses bouchées : *hum morue, hum pois rouges, hum piments*. Il refusait les invitations mais ne dédaignait pas les bouts de poissons frits hissés à l'entrée de la trappe. Quand il s'en alla, l'on attendit les prochaines pluies avec supputations anxieuses, paris et force évaluations. Sous la pluie, rien ne se produisit de très neuf : la maison coulait toujours, mais pas aux mêmes endroits et il fallut à tout le monde quelque temps pour rectifier les bassines sous cette revanche diluvienne.

Pour la haute confidente, cette sornette est une baboule. Il n'y eut jamais dessous les tôles le moindre rat, ni le moindre chat, seule plana une supposition pour deux-trois chauves-souris du fait des vols d'une aile crépusculaire. Mais cela aurait pu tout aussi bien provenir d'un zombi. Et quand le charpentier monta tout se passa très bien, et, preuve de son incompétence, il put travailler à son aise. Tant pis si c'est mentir, plaide le scribe honteux.
— C'est pas tant pis, c'est un menti, répond-elle, implacable.

La maison vivait avec la pluie, mais sous le carême — oh quel fer ! — elle vibrait. Tout devenait cassant, le bois luttait avec les clous pour happer d'autres aises. Les poutres voulaient descendre au vent rare des fenêtres. Les planches du couloir et des cloisons, se retrouvant une sève, grinçaient à mesure d'une nastie. Les tôles chauffées à mort accablaient l'existence du plus lourd des chapeaux. Au contact des brises, elles devenaient musicales, avec des sons de bouteilles menacées d'une brisure. Alors, provenant de chaque fibre du plafond, régnait une poussière. La plus fine, la plus grise, la plus obsédante des poussières. La maison se débarrassait d'une pelure sous la chaleur. Elle émergeait de cette mue, bruissante comme caisse de crabes, un peu plus austère, moins pensive, et surtout étrangère. Une lumière adamantine accentuait les zones d'ombre. Le dessous de l'escalier devenait un trou vaste où pièce imagination tueuse n'osait une aventure. De la fenêtre intérieure tombait de biais une illumination chaude qui projetait le couloir dans l'inexistence d'un noir impénétrable. Et chaque endroit était comme ça, tout effacé, ou tout explosant. Nos vies s'engluaient dans des zébrures de clartés, des accablements opaques, frappées d'une stupeur dont témoignaient seuls des siestes interminables et le silence inhabituel d'une marmaille asséchée — roye, mais quel fer !...

Sous le carême on vivait autrement. Sans parler de chaleur on vivait la chaleur. Les manmans, avant l'aube, pratiquaient plus d'urgences et freinaient leur allant à l'élevée du soleil. Leurs pupilles languissaient sous une paupière plus lente. Elles semblaient rafraîchir leurs soucis de survie, des embruns d'un rêve, et leur regard, parfois noyé, témoignait d'une abysse intérieure

47

où elles se réfugiaient (sans doute un lieu baigné d'amours anciennes : seule eau-pour-soif possible sous la fournaise de vivre). Les gros cheveux se remontaient pour aérer la nuque. Les mouchoirs de madras, défaits au bout de mains absentes, éventaient des visages asphyxiés. Les robes à grands voiles se relevaient aux hanches, les gaulettes (fines, blanches, vaporeuses) émergeaient de valises oubliées où l'on redécouvrait, malgré la naphtaline et les nœuds de feuilles bonnes, les dégâts de ravets souterrains ou — pire — des niches de souris roses. Ces découvertes effroyables étaient les meilleurs orchestres du carême. On sonnait l'hallali des rongeurs mais, invisibles à force d'astuce, ils nous forçaient au rire. On ne parlait pas de la chaleur, on la vivait. C'était parler moins haut, et sans doute moins longtemps. Les chants n'ourlaient que l'aube, et les soirées recueillaient plus de vie. Chacun allait surprendre les crépuscules aux abords des fenêtres, dans Fort-de-France qui soulageait ses échauffures au souffle mol du serein. On ne parlait jamais de chaleur. Mais on apprenait à vivre autrement la maison, à garder les persiennes closes sur les restes de la nuit, à les ouvrir sous la levée d'un souffle, à vivre dans les coulées d'air tout en se méfiant d'elles. Dans les rues, il fallait connaître l'ombre et la carte des vents frais. Seuls les gens de la campagne et les touristes transpiraient

comme bourreaux devant les hautes vitrines.
Pas un mot de chaleur comme pour nier la chaleur.

La chaleur livrait le négrillon aux moustiques
de la nuit : il ne pouvait se couvrir. Sous peine
de grattelles et d'insomnies exsangues, il devait
les faucher au vol, d'une main vive comme
l'ombre d'un serpent jaune. Informé du
moindre atterrissage sur sa peau, un sens spécial, développé à force, déclenchait des tapes
fatales pour les bestioles, douloureuses pour lui-
même, mais qui vengeaient bien des zonzonages
narquois au creux de son oreille. Il fallait savoir
patienter autant que le moustique, l'attendre-
venir, l'entendre-venir, supputer sa venue, puis
happer le noir et le frisson d'une aile. Parfois, ils
étaient vingt-douze mille. Le négrillon se réfugiait alors sous son drap, une étuve cousine des
enfers et inutile : certains moustiques bien équi-
pés transperçaient la toile fine. Quand il sut les
moustiques apeurés par le vent, il se découpa
une série de cartons dans des boîtes de chaussures italiennes, et, dès la tombée de la nuit,
s'en éventait sans un répit, brassant l'air tout
bonnement. Les minuscules vampires gardaient
le large, trahis par leur propre légèreté. Belle
victoire, mais il dut apprendre à dormir en
continuant à s'éventer. Il est possible qu'il y parvint, mais nul n'en témoigna jamais.

Ce qui domine, c'est l'impatience. Une impatience souveraine liée à l'attente d'il ne sait quel achèvement, quelle émergence particulière capable d'offrir une signification à ce qu'il est, à cette impuissance dans laquelle il se trouve, impuissance envers les grands, impuissance envers les mystères du monde, vaste impuissance envers lui-même qu'il évite dans la projection d'une insouciance d'enfant. Il est content de voir passer les jours, et les heures ne s'écoulent jamais assez vite. Le soleil du lever est une immense promesse, et la nuit, toujours refusée, doit lui vaincre la paupière. Elle devient alors plus lourde que le monde, craintive de la lumière, empoussiérée, papillonnante. Il n'a plus qu'à se laisser dissoudre dans les prières obligatoires à la Vierge et dans les rêves sans souvenirs. Il va vite et il est invincible. Son énergie s'alentit parfois dans des immobilités dont la bande d'enfants est coutumière. Quelque chose qui ne commerce pas avec le temps, ni avec un sentiment, mais une sorte d'arrêt en soi-même, d'expectative muette, où le songe sans pensée s'installe et où le cerveau devient un feuillage éventé, plein de fièvres oiselières. Le négrillon mélancolique connaît alors le monde et questionne silencieusement sa vie (c'était, je crois, l'inexprimée inquiétude de l'enfance; mais il est aussi possible que ce furent de simples

heures d'hébétude liées à l'idiotie dont le soup-
çonnaient certains autres négrillons, de ses bons
vieux ennemis intimes).

Le lieu de ces immobilisations fut le toit des cuisines. La maison possédait une cour intérieure,
étroite et profonde qui contournait l'arrière de
la maison. Dans cette cour, les familles se partageaient pour leurs lessives deux ou trois bassins.
En face, plaquées au mur, se succédaient les cuisines : de petites pièces en bois du Nord, couvertes de tôles, cimentées par terre, comportant
chacune un foyer à charbon où l'on était obligé
faire cuire son manger. Cette division de la cuisine et du logement, bien de culture créole,
visait à protéger la case des incendies. Le négrillon ne connut pas cette époque où les manmans
cuisinèrent côte à côte dans ces pièces, séparées
par des cloisons de bois. Il ne connut pas les
cérémonies d'allumage du charbon ou d'entre-
tien d'une braise éternelle. Il ne connut pas les
canaris à soupe inépuisable, complétée au bon
gré des hauteurs d'une monnaie, d'un os de
bœuf, d'une moelle, d'un paquet de légumes.
Ces soupes avec le temps se muaient en une
mangrove de saveurs, capable d'alimenter les
énergies de tout le monde (monde avec dents
ou monde sans dents). Il imagine la vapeur épi-
cée troublant ces pièces où les manmans mettaient dehors leurs talents culinaires. Elles rivali-

saient d'audaces afin de parfumer les saumures du poisson, faire lever d'odorantes fritures, mieux transmettre à l'univers qu'il y avait de leur côté, ce jour-là, non pas une misérable sauce de morue mais une tranche de viande-bœuf. Il suppose qu'en plus, elles chantaient, ou dialoguaient à travers les cloisons juste avant d'emporter leur canari dans l'escalier grinçant, vers une marmaille affamée par l'école, et vers les hommes affairés à leurs punchs en compagnie du soiffeur de midi, expert en cette visite exacte.

Dans l'utilisation des cuisines extérieures, les risques étaient nombreux, révèle la haute confidente. On y perdait ses piments. Une telle qui avait besoin d'huile s'y servait bien en large. Perdre un bout de viande n'y était point rare si quelque urgence vous éloignait là-haut. Les dérobeurs étaient des chats ou d'autres existences plus ou moins proches de l'humanité. On les maudissait en babillages étalés sur des mois, accusant sans jamais les nommer, des ressemblances à telle ou telle voisine, car il est sûr que *le nègre restera toujours le nègre et que — déchirée? — négresses et chiens sont prompts à te haler...*

Quand le négrillon survint, les cuisines étaient mortes. Elles servaient au recel de choses dont

l'utilité n'émergeait qu'à l'urgence des déveines. Certaines familles les utilisaient comme
salle d'eau. Les Grands y passaient des heures savonneuses et chantantes. Man Ninotte fut,
semble-t-il, la première à transformer sa cuisine en poulailler. Cela se produisit sans doute à
l'occasion de la visite d'une commère de campagne effectuant son rond annuel en ville. Cette
dernière avait dû débarquer dans ses linges
d'amidon, chargée selon les rites d'herbes-à-
tous-maux, d'ignames, et, sans doute, de deux
petits-poussins recueillis dessous un bas des
bois. Man Ninotte avait placé ses poussins dans
la cuisine, les avait nourris de maïs et d'une
poussière de pain d'épices. Les petits-poussins
ayant grandi, elle avait dû en faire un
dimanche de festin, autour du vermouth des
baptêmes et d'un bouquet de fleurs fraîches
parfumant la maison. On avait dû trouver cela
bien doux et dès l'aube du lundi, Man Ninotte
avait dû s'enquérir de deux autres petits-poussins.

Une autre version de la genèse des poulaillers
est possible. Man Ninotte, personne de la campagne, au vu de l'espace laissé libre, avait dû y
voir là même ce que toute campagnarde placée
dans les exigences d'une survie urbaine aurait
vu : soit un jardin, soit un poulailler. L'endroit
étant cimenté, l'idée du poulailler avait dû

s'imposer. Le Papa dut souligner en vain : « *Chère Gros-Kato* [1], *est-ce bien raisonnable en plein cœur d'une métropole urbaine ?* » Mais Man Ninotte, dont la volonté relevait du cyclone, avait dû gagner le Lamentin un dimanche de bonne heure pour y cueillir quelques petits-poussins en errance de savane. Si bien qu'à l'arrivée du négrillon, de nombreuses poules caquetaient déjà dans l'ancienne cuisine. Les autres familles firent de même mais seulement au gré des circonstances. Man Ninotte, elle, posséda un poulailler permanent qui ne descendit jamais en dessous de deux coqs et de six ou sept poules. C'est pourquoi les rats devinrent insupportables.

Fort-de-France, en ce temps-là, n'avait pas déclaré la guerre aux rats. Ces derniers peuplaient avec les crabes le canal Levassor, les trottoirs défoncés et les canaux aux endroits bien couverts. Ils hantaient les ravines. Ils sillonnaient la ville de manière souterraine. Ils émergeaient dans les ordures nocturnes et la promenade insomniaque des poètes lunaires. Dans l'escalier de la maison grenouillait une colonie. Absorbé par ses araignées, ses ravets, ses libellules, le négrillon ne s'en aperçut pas de suite. Quelques couinements de-ci de-là. Une ombre furtive dans le canal près des bassins... Lors

---

1. Gros-Kato, nom créole désignant l'étoile polaire.

d'une de ses immobilisations sur le toit des cuisines, il découvrit le fabuleux spectacle. Voici comment.

Vers treize heures, Fort-de-France tombait en léthargie, moins de passants, moins de klaxons. Les gens de la campagne se réfugiaient dans les ombres pour manger. Les Syriens baissaient leurs rideaux de fer. La poussière de ce désert se mettait en voltige. Derrière la maison, sur le toit des cuisines, une ombre offrait la fraîcheur de son havre au négrillon. Les samedis après-midi l'engourdi augmentait. Certaines familles s'en allaient en campagne, en messes, en lieu de catéchisme ou en d'autres affaires. Final, la maison grinçait sous le poids du silence, et le négrillon s'immobilisait en toute aise. Donc un jour comme celui-là hébin!... un couinement l'enleva à son vide intérieur pour l'attirer vers la bordure du toit. Dans la cour, il vit alors les rats. Cinq ou six, oui, sillonneurs à la recherche de miettes, escaladeurs des bassines, marcheurs en équilibre sur le bord des seaux, disparaisseurs dans les cuisines pour en réapparaître aussitôt. Il y en avait de très jeunes et de plus vieux. D'autres, craintifs, n'émergeaient de la partie couverte du canal qu'en bonds sur une zoy de manger. Le négrillon crut opérer la découverte d'une vie obscure qui doublait la vie humaine de la maison. C'était déjà — il l'ignorait alors —

la préoccupation des grandes personnes. Elle ne lui sera évidente qu'avec l'apparition des poules-pondeuses de Man Ninotte, dont ils charroyaient les œufs avec une ingéniosité jamais vue. En l'absence d'œufs, les rats égorgeaient les poussins par vingt-douze-six. Les massacres se découvraient à l'aube, avant l'arrivée de l'eau, et Man Ninotte élevait la plus salope des malédictions matinales. Les poussins étaient à moitié dévorés, et certaines poules se voyaient blessées par ces bestioles à dents coupantes. On déploya des poisons en petits sachets roses qui les décimaient par trois ou quatre puis devenaient inefficaces. Les tapettes (savonnées, aspergées de crésyl, parfumées de viande fraîche) n'attiraient aucun rat dès le second usage. Alors la campagne s'essoufflait, la colonie elle-même, frappée, se faisait oublier, et, jusqu'au prochain massacre de poussins et l'hallali sonné par Man Ninotte, nous battions-la-misère d'un escalier grouillant d'une invisible rataille.

Apercevant ces créatures, le négrillon échafauda un de ces plans d'extermination dont il avait l'intelligence. Il aurait été bien incapable d'en expliquer la raison. Sa découverte du monde provoquait d'abord ce réflexe de détruire, peut-être sécurisant. Il y avait parmi les rats un plus vieux que les autres, plus lent, plus méfiant, mais plus puissant et plus habile. Son apparaître à découvert s'opérait dans des conditions de sécurité optimales, sur l'écrin d'un pur silence. La maison ne bougeait plus dans ses planches, et Fort-de-France éteint se livrait aux poussières. L'apparition du vieux rat, risquant son ombre sous le talon vertical du soleil, désignait l'enjeu comme valant la chandelle. Il semblait un pain massif, pelé, couturé de cicatrices, avait perdu une oreille, un bout de queue, et sans doute quelque chose qui faisait qu'il n'était plus seulement un rat. Terrifiant d'expérience, son cœur ne sautait pas au moindre vent, mais son oreille fine, son œil pointu, engendraient des disparitions instantanées. Il fonctionnait sans habitudes, ne passait jamais au même endroit et ne se repliait jamais de la même manière. C'est lui que le négrillon (allez savoir...!) choisit comme toute première victime.

Une étrange relation allait naître alors. Elle devait durer un temps sans longueur, s'éteindre mais ne jamais se clore. Le négrillon se chercha une ficelle, élabora un nœud coulant déposé dans la cour. En son centre, il fixa un bout de saucisson. Le nœud calé, la ficelle au poing, il se mit aux aguets sur le toit. L'idée était de prendre au lasso le vieux rat très vicieux. L'animal ne devait pas aimer le saucisson, ou alors les

jours de lasso le projetaient dans une mélanco-
lie stratégique, et il en profitait pour demeurer
dans son trou occupé à philosopher sur quelque
sombre raterie. Quoi qu'il en soit, jamais il ne se
présentait. Un autre, toujours, plus jeune, plus
imbécile, s'aventurait dans le nœud coulant et
longeait la dent vers le saucisson. Le négrillon
halait de toutes ses forces. Il dut haler mille-
douze-mille fois avant d'admettre l'impossibilité
de prendre un rat au lasso-saucisson. Le nœud
s'étranglait lui-même et le négrillon ramenait
impatient une ficelle ballante. Il eut alors
recours à une bassine alourdie d'une roche.
Une bûchette reliée à un fil invisible la mainte-
nait en l'air. Le vieux rat (il n'y vint jamais) était
censé y pénétrer afin de récupérer l'appât.
Ceux qui y vinrent s'enfuirent avec le saucisson,
comme avertis des gestes du piégeur. D'autres
fois, plus rares, ils fuyaient la gueule vide. Après,
pas un n'y revenait. Il y eut la calebasse enflam-
mée, le bocal infernal, la colle impardonnable,
l'élastique flécheur, le coutelas-guillotine, le
sirop poisonné, le très épouvantable ciseau
maudit... De ce lot de petites cruautés, le négrillon ne parvint jamais à extraire la moindre
dépouille ratière. Il sut trop tard qu'il lui aurait
fallu supprimer son odeur des pièges, ne jamais
réutiliser un appât, éviter l'aubaine douteuse
mise trop à portée de dents. Il mit du temps à

comprendre qu'en fait, les rats étaient intelligents.

Le vieux rat l'avait repéré. Il lui avait accordé un regard furtif, dressé sur le bord du bassin, et avait poursuivi sa quête. Deux billes inhumaines, d'un noir aveugle, lui servaient d'yeux. Le négrillon en eut l'ange gardien déplacé. Elles l'avaient durant un rien de secondes effleuré, et, d'une certaine manière, méprisé. Jamais le vieux rat, par la suite, bien qu'il le sût aux aguets, ne lui accorda un autre regard. Il modifia ses passages et se tint toujours au large de l'aplomb du toit où le négrillon — changeant de méthode, se voulant sélectif — posté une grosse pierre à la main, juste au-dessus d'un appât fixé au sol, attendait d'écrabouiller les reins de l'Effilé.

Il fallait des heures de guet, la pierre portée à bout de bras au-dessus du vide. Lui, allongé sur la tôle, ne laissant veiller qu'un œil, invoquant le silence, respirant le calme, devenant rouille afin de se fondre au toit, et suppliant une approche du vieux rat, et délaissant les autres en train de grignoter l'appât. Alors, vers la fin, ses bras engourdis lâchaient une pierre revancharde sur de fols attardés. Ces rapides évitaient l'écrasement par des bonds de plus en plus à l'aise. Au bilan de leurs pertes sous la pierre bien trop lente, ils n'accordèrent jamais qu'un brin de queue, qu'une touffe de poils. Autour de ces misérables trophées, le négrillon organisa des cérémonies païennes. L'homme les serre aujourd'hui quelque part dans ses ombres.

Le vieux rat parfois disparaissait. On ne le voyait plus durant plusieurs semaines. Le négrillon le supposait mort de vieillesse quelque part. Il imaginait, situés au cœur même des poteaux de bois dense, des cimetières secrets alimentés par de nocturnes transhumances. Il imaginait les rues de Fort-de-France couvertes de ces rats épuisés qui avaient su déjouer les poisons et qui, soudain mus par d'obscures exigences, voyageaient vers une tombe à creuser avec leur dernière dent. Il imaginait le bilan de son vieux rat isolé par ses âges : tant d'intelligence, de roueries, de prudence, tant de génie pour déboucher dans une déréliction impure qui n'avait d'adresse que la mort et l'oubli. Le négrillon lui organisait alors des funérailles sur de petites voitures ; une boîte d'allumettes figurait le cercueil ; le cortège longeait le couloir, informait les bestioles des jointures, se nouait en une liturgie déterminée par lui-même dans un langage de rat. L'enterrement dénouait cette cérémonie dans quelque trou du mur, près de l'escalier, là où une brique trahie par l'enduit livrait son rouge au clou fouisseur. Puis le négrillon allait mélancolique, regrettant son vieil ami, jusqu'à ce qu'il le vît réapparaître. Alors, plutôt que de s'en réjouir, il se précipitait vers quelque atrocité capable cette fois d'en finir avec lui.

Il le vit vieillir. Ce n'était rien : une raideur dans le dos, une déformation de la silhouette, le frisson continu d'une oreille. Il fut épouvanté de le voir, attardé sous un risque, réagir parfois avec un brin de lenteur. Il le surprit à grignoter des choses qu'avant il dédaignait et demeurer trop souvent immobile sous de séniles absences. Il le vit se défaire. Ce n'était rien : un sentiment de pitié qui monta de le voir. Non plus l'envie de le tuer, mais l'horreur d'une commisération bienveillante. Le négrillon eut souvent l'impression qu'à descendre du toit, l'Effilé l'attendrait et qu'il pourrait le toucher.

Un jour, le Vieux clopina vers l'appât, dessous la pierre que le négrillon brandissait encore par habitude du haut de son guet. Il s'avança avec une sorte de confiance aveugle, ou misérable, ou absente, quelque chose relevant du suicide ou de la certitude qu'il ne risquait plus rien. Ses forces déclinantes ne lui permettaient plus que cette lamentable aubaine. Il prit pied sur le piège et se mit à mâchonner comme un ravet d'église au moment de l'hostie. La pierre ne lui écrasa pas le crâne : elle était devenue la clé de voûte d'une cathédrale de pitié dans l'enfant qui pleurait.

O mémoire sélective. Tu ne te souviens plus de sa disparition. Dans quels combles as-tu rangé sa mort? L'as-tu vu flottant ventre en l'air dans le bassin de la cour, ou gardes-tu trace de son corps recroquevillé sur une marche d'escalier? As-tu rappel de lui surgissant en plein jour, le cerveau naufragé sans boussole, ahuri sous le balai des manmans? Il est sans doute possible qu'il ne mourut jamais, qu'il changea de maison au gré d'une aventure. Je ne le vois pas crevé, dérivant au fil crasseux d'un canal. Il s'est peut-être campé entre deux rêves, et il reste là, momifié dans une insomnie devenue éternelle. Mémoire, c'est là ma décision.

Il n'y a pas de date précise, ni d'époque de l'abandon des rats. Pas de rupture ou de désin-térêt, mais l'avancée progressive dans le non-étonnement, une complicité muette, sans fami-liarité et sans une once de sympathie. Les rats intégrèrent l'ordre des possibles du monde, le plus vieux d'entre eux servant d'étendard — et d'écart pour la norme. Du négrillon, ils chan-gèrent la nature. Dessous le tueur se profila celui qui aujourd'hui est incapable du moindre mal à la plus détestable des mouches verdâtres. Cette sensiblerie devait d'ailleurs compliquer la vie de Man Ninotte : elle eut désormais du mal à tuer ses poules, ses lapins à yeux roses, mais surtout ses cochons.

Après les poussins, Man Ninotte s'était lancée dans une affaire de cochons. Porté par un hasard, un petit cochon fit son apparition dans l'ancienne cuisine devenue poulailler. Il dut cohabiter avec les poules avant que Man Ninotte n'accorde à son espèce le lieu entier. C'étaient de petits cochons-planches que l'on engraissait toute l'année selon les philosophies de la campagne. On les destinait aux ripailles de Noël, temps-chantés de boudins, de côtelettes, de pâtés, de ragoûts et gigots. On les nourrissait de restes, de bananes vertes, de paroles inutiles, de petits noms, ils recueillaient les pelures des fruits de saison, et les enfants leur prodiguaient une bienveillante tendresse. Certains se virent parfumés, affublés de chapeaux, de colliers, de dentelles. D'autres connurent des journées entières d'un plaisir gratté sur les côtes et le ventre. Quelquefois, ils échappaient à la cuisine devenue parc-cochons, et se précipitaient dans la rue, poursuivis par notre meute et le pas vaillant de Man Ninotte. On les rattrapait en moins d'une heure avec l'aide d'un nègre habile ou d'une commère capable d'immobiliser les cochons d'un seul vieux mot crié. La chose était habituelle : en ces temps, Fort-de-France abritait la campagne, il y avait dans les rues, des mulets, des chevaux, des bœufs de Porto-Rico en route vers l'abattoir, des canards volant sans tête, des poules égaillées, des cabris en rupture d'un sacrifice indien, des oiseaux pas farouches et des chiens errants dessous leurs cicatrices. Chacun savait donc accorer un cochon. La seule crainte de Man Ninotte en course derrière le sien était qu'on le lui vole mais, à l'écrire, j'ai soudain souvenance que rien à l'époque ne se volait. Tout un chacun savait le coefficient de survie offert à des familles entières par le moindre cochon. Un cochon en fuite bénéficiait d'un respect unanime. Et si Man Ninotte s'inquiétait, c'était sans doute d'une extinction de ce capital sous un pneu de voiture, compromettant ainsi le Noël à venir. J'ai souvenir des cochons, ils s'appelaient Souris, Matador, Tio-Tio, Héliazord, Maître Popol, Boudin-rivière, ils nous aimaient des yeux et de façons humaines. Leurs fuites étaient des courses rituelles où s'exaltait, une fois seule dans l'année, leur vie recluse de condamnés à mort.

Il y avait des années difficiles. Malgré tout le manger distribué, le cochon-planche demeurait épais comme l'ombrage d'un fil-crin. Man Ninotte augmentait les doses avec du lait de vache, puis consultait en désespoir de cause les expertes de la campagne descendues filer du commerce au marché. On examinait les yeux de la bête, l'épaisseur de son poil, la couleur de sa langue. On tenait considérants sur les diamètres de ses déjections, et cela finissait toujours par une accusation en règle contre les vers. Le cochon passait alors ses journées à ingurgiter des touffes d'herbes jaunâtres qui dénouaient les boyaux, des fleurs de nettoyages. Man Ninotte mélangeait au manger d'un jour de lune des huiles rares concentrées en calebasses de sorcières. Le cochon expulsait alors une partie de son âme, la plupart de ses souvenirs, des humeurs malsaines, et des vers invisibles. Mais (c'était l'essentiel), il se mettait à mieux aller, il était obligé de mieux aller, c'est-à-dire de conserver autour de ses côtes une première graisse, puis une deuxième, sans compter que sa chair prenait une densité que Man Ninotte tâtait chaque jour pour anticiper le bonheur de son prochain Noël.

D'autres fois, le cochon dégénérait malgré les attentions. Le diagnostic était net : on l'avait amarré à un vieux maléfice, un pouvoir de ces nègres jaloux de l'avoir des autres. Les souffrances en ce temps-là avaient une origine, rien ne demeurait inexpliqué, sauf peut-être le bonheur mais il était si rare. Entre la main du Bondieu, les interventions de la Sainte Vierge, les descentes d'une infinité de Saints patrons, et les maléfices-envoyés d'une tralée d'envieux, il ne restait au monde aucun malheur dont on ne puisse ôter l'amarre avec charge de prières ou quelque bain de feuilles saines — et c'était bien commode. On baignait donc le cochon, et, sur lui, on récitait. Les bains se donnaient par Man Ninotte, mais les récitations s'épelaient par quelque vieux-nègre venu de loin et du chemin duquel on éloignait les enfants. L'homme avait une voix douce et des gestes de certitudes, quelque chose qui rassurait et inquiétait en même temps, et dont le cochon à tous les coups profitait en graisse bonne. Mais ces années de cochons-maigres n'étaient pas aussi nombreuses que petites roches dans les chemins, et elles se faisaient rares quand la comète venait de passer.

Le négrillon ne s'attachait pas de manière identique aux cochons. Ils étaient différents. Certains se révélaient plus attachants que d'autres, plus vivants, plus espiègles, plus capables d'affection. Dans notre mémoire commune, frères, il y a Matador. Arrivé dans des cliquetis d'os, il s'était développé en une sorte de monstre charmant qui riait du monde avec des yeux de vieillard. Il donna l'impression de se nourrir sept fois de la moindre rognure. Il adorait le chocolat, les savons de toilettes, les grattées-caresses, les chantés en créole, accueillait ses visiteurs avec des hochements de tête, et longeait une oreille attentive vers le son de nos voix. Sa fuite dans la ville fut l'une des plus terribles car son poids en faisait une roche dévalante. Le nègre habile du jour, cherchant à l'accorer, se vit expédié sur le fil d'un poteau électrique. Les autres, suspendus à son poil, furent drivés dans les caniveaux comme pris du gilet dans un moteur d'avion. Lorsque Man Ninotte, suivie de sa marmaille, arrivait à leur hauteur, les sinistrés lui demandaient : *Mais dites donc, madame, quelle septième espèce de qualité de bête est-ce là, s'il te plaît?* D'autres, renversés fers en l'air, dressaient réquisitoire : *C'est un danger public numéro trente-trois* (âge de la mort du Christ), *c'est un semeur de bobos, un leveur de foie, un écorcheur de pian, un piqueur de mal-dent, un écraseur de cors, un démarreur de rhumatismes, un salisseur, et permettez, madame un tel, une qualité mal élevée de bête isalope...* On recueillit Matador aux abords de la Pointe Simon, face aux entrepôts des békés, où il s'était attardé à humer sans façons les effluves délicieux d'un tonneau-viandes-salées.

Le chien habillé en homme, c'était le tueur, le dénommé Marcel, qui semblait n'exister qu'à l'approche de Noël, où il devenait égorgeur de cochons. Nous nous étions tellement attachés à Matador que le bougre fut accueilli avec des cris de haine. Lui qui n'ôtait jamais son chapeau, le souleva pour gratter un souvenir de cheveux. Il n'avait pas porté son matériel, il venait comme chaque année s'enquérir des prix, de l'heure et du moment, et si chaque année ce n'était pas facile, l'année de Matador fut pour lui éprouvante. Dès l'approche de décembre, Man Ninotte avait vu défiler dans ses jambes des délégations pleurnichardes implorant une grâce. Ce à quoi elle répondait avec une rage feinte (et désespérée, car elle aimait Matador autant que nous) *Ti-anmay soti en zèb mwen*, petite marmaille, sortez de mes pieds... Conserver un cochon lui était impossible, impensable, nous le sûmes bien plus tard, une fois décodées les tables de la survie en ville. Pressentant pour Matador une difficulté extraordinaire, elle n'avait laissé paraître aucun préparatif. Nous n'avions vu acheter ni le piment, ni les bottes d'oignons, ni le gros sel, ni la gerbe d'épices annonçant le mauvais samedi du cochon engraissé. Le seul tiak fut Marcel.

Il se présenta de jour avec sa chemise blanche des visites, dessous son chapeau de camouflage d'un cheveu disparu. Comme d'habitude, il héla depuis la première marche de l'escalier : *Eh bien Man Ninotte, est-ce que le cochon a bien donné cette année ?* Ce à quoi seule notre horde répondit. Et quelque peu malement. C'était un temps où la langue créole avait de la ressource dans l'affaire d'injurier. Elle nous fascinait, comme tous les enfants du pays, par son aptitude à contester (en deux trois mots, une onomatopée, un bruit de succion, douze rafales sur la manman et les organes génitaux) l'ordre français régnant dans la parole. Elle s'était comme racornie autour de l'indicible, là où les convenances du parler perdaient pied dans les mangroves du sentiment. Avec elle, on existait rageusement, agressivement, de manière iconoclaste et détournée. Il y avait un marronnage dans la langue. Les enfants en possédaient une intuition jouissive et l'arpentaient en secret, posant leur être en face des grandes personnes, dans la particulière matrice de cette langue étouffée. C'est pourquoi, malgré (et surtout grâce à) cette situation de dominée, la langue créole est un bel espace pour les frustrations enfantines, et possède un impact souterrain de structuration psychique inaccessible aux élévations établies de la langue française. Je ne sais pas si Marcel goûta de cette vertu, en tout cas il dut comprendre à fond ce que nous lui disions. C'est en nous regardant à comme dire une irruption de zombis qu'il alla se réfugier auprès de Man Ninotte. Nous le vîmes, de loin, prendre un accord autour du punch. Ce fut terrible. Il repartit dans le silence mortel imposé par la présence de Man Ninotte à ses côtés. Mais il dut ressentir notre haine dans les cambrures, les roulements d'yeux, les plissures méprisantes des lèvres, les toisements roulés des yeux, tout ce crachat mimé que transporte la langue créole dans ses oraisons muettes.

Pleurer n'était pas une larme, mais un labourage du corps par le soc du sanglot. Ce n'était pas deux larmes, mais un cœur noyé, flottant gros dans la poitrine.

Commença une longue attente, ô frères, la plus terrible je crois de nos communes enfances. Décembre était là, ses vents, ses coulées de froid, nez gonflé, estomacs saisis, toux quinteuses et vieilles grippes. Les soirs charriaient plein de couleurs et les journées posaient leur teint sur des lumières changeantes, des soleils mols, des pluies ruées souvent de lumineux nuages. Nous restions vigilants. Nous comptions les couteaux, les bassines, mais Man Ninotte ne semblait préparer qu'un Noël sans cochon. Elle se préoccupait des pelures d'oranges de son schrubb. Elle mignonnait son jambon salé, ses confits, ses autres douceurs accumulées dans le placard en attendant les jours de joie. Nous ne l'entendîmes promettre à quiconque la moindre côtelette, et nul ne lui transmit un petit mot d'une madame d'à-côté inquiète coutumière d'un kilo pas trop gras. Rien. Noël approchait, riche de ses cantiques nocturnes entonnés à la radio et répercutés parmi nous dans l'assemblée de l'escalier. Seul Matador pressentit son destin. Il aurait pu nous l'apprendre si nous avions su lire dans ses yeux, décoder ses grognements, comprendre sa langueur branchée à l'obscure prescience de la fatalité.

Marcel dut œuvrer en pleine nuit, et s'arrangea pour être loin lorsque nous nous réveillâmes, ne nous laissant de Matador qu'une masse blanchâtre, sanguinolente, que Man Ninotte tranchait au coutelas et répartissait dans du papier journal pour offrir aux familles de la maison, au médecin qui nous soignait, au pharmacien qui lui accordait les médicaments, aux Syriens qui la dépannaient. Le reste revenait à elle-même, en salaisons, gigots, côtelettes, tête-cochon, boudin, que nous n'eûmes ni le goût ni le cœur à manger. Je parle d'un Noël sinon amer, du moins très sobre.

Mémoire, je vois ton jeu : tu prends racine et te structures dans l'imagination, et cette dernière ne fleurit qu'avec toi.

Nul souvenir d'un autre cochon-planche en succession de Matador. La souffrance est un vaccin sévère. Elle avait dû nous préparer à ne pas nous attacher aux cochons de Noël. Les autres

passèrent sans doute dans une relative indifférence, un peu comme le rhum indiffère la
gorge déjà brûlée. Du temps des cochons ne
subsiste que Noël, rien de religieux, mais une
vie autrement généreuse, dispensatrice pour
nous d'un peu de tolérance. On pouvait crier,
chanter, manger charge de sucreries, se coucher tard, réclamer des contes. Le couloir qui
reliait les familles demeurait peuplé jusqu'au
plus noir du soir. Les manmans recevaient des
visites, et préparaient préparaient préparaient
les bombances du lendemain. L'air puisait ses
parures dans les fours à gâteaux, dans la vapeur
des fricassées, dans le bouchon poreux des
liqueurs bienheureuses que l'on nous instillait
dessous de gros glaçons. Man Ninotte allait d'un
autre allant. Pour elle, comme pour les autres
négresses en combat de survie, l'année finissante avait été vaincue, son lot de misères bien
battu. On pouvait en rassembler les débris avec
les poussières de la maison et les balancer
ensemble afin de laisser place aux espoirs rafraî-
chis. Cette époque recèle un temps cérémonial :
la préparation de la crèche.

Dans un temps inconnu du négrillon, Anastasie
la Baronne, la plus grande des deux sœurs, avait
souffert de l'absence de crèche. Man Ninotte et
le Papa ne disposaient pas d'un assez au porte-
monnaie pour dresser comme tout le monde,

au mitan du salon, la caverne illuminée du Sauveur. Anastasie réclamait donc sa crèche à grandes larmes. Man Ninotte attendrie releva cette tristesse. Elle apprit à l'enfant le modelage du caca-bougies. Anastasie s'y lança avec un art et une patience dont la nécessité seule détient secret du germe. Elle se modela, dans la bougie fondue, son âne, son bœuf, sa Marievierge, son Joseph, ses bergers, ses Rois mages, son étoile et, bien sûr, son bébé Sauveur. Elle leur dessina au pinceau charbonneux des yeux et des oreilles, des sourires et des sentiments, des styles et des façons. Elle plaça le tout sur une herbe sèche, et froissa autour la hiéroglyphique caverne d'un papier de journal. Elle possédait sa crèche. Pour l'achever, elle y ajouta deux bougies allumées du plus bel effet mais de la plus désastreuse conséquence. Les bergers se mirent à couler. L'âne et le bœuf se répandirent. Marievierge se mêla à Joseph, lui-même avalé par les Rois mages. Très vite, la crèche fut catastrophée en une fondue grisâtre sur laquelle Anastasie répandit la plus épouvantable des détresses enfantines. Celle-ci lui fut par la suite tellement évoquée que l'homme d'aujourd'hui en conserve une douleur rémanente. Alors Man Ninotte, le cœur descendu, réussit l'impossible. Elle se trouva un arrière-sou dans quelque coin de prévoyance et lui acheta deux santons. Chaque année, ou chaque jour ou chaque semaine, en tout cas au rythme des embellies de son porte-monnaie, elle lui acheta désormais des santons. Anastasie, dès son premier centime d'institutrice, s'en paya tout un lot. Dans l'attente de la Nativité, les personnages enveloppés chacun dans du papier journal allèrent s'entasser dans une boîte de pommes de terre. Si bien qu'à chaque Noël, le négrillon fut convié à l'ouverture de ce sanctuaire.

Anastasie dépoussiérait la boîte avec une lenteur calculée, l'œil soi-disant sévère vrillé sur la ronde établie autour d'elle, les plus petits devant, les plus grands par-derrière. Paul, le musicien, en oubliait sa guitare, Marielle en délaissait son lit et ses précieuses affaires, Jojo, lui, conservait tout de même de son fatras, un bout de papier, un brin de crayon, en sorte de ne pas rater la formule devant surgir inopinée de ses songeries aux chiffres. La boîte ouverte, la prêtresse descellait une à une les boules informes de son trésor. Chaque personnage disparaissait sous sa botte de papier. Il était impossible à quiconque de deviner lequel Anastasie extrayait de sa gangue. Et l'apparition de chaque personnage était un ravissement, celui d'une naissance, d'une renaissance, répercutée au fil des ans, avec la même régularité, la même saisie du cœur, le même bonheur. Il y en avait tant qu'une fois les personnages officiels apparus, advenait alors un peuple d'anonymes bergers ou d'indéfinissables personnes qu'il nous fallait nommer et faire exister. Dans la crèche d'Anastasie se déploya donc une populace que le curé de la cathédrale aurait eu quelque angoisse à bénir :

des philomène-gros-pieds,
des zizines-voleurs-poules,
des koulis-coulirous,
des chinois-graines-de-riz,
des marchandes-poissons-frits,
des planteurs-de-dachines,
des coupeurs-de-graines-bœuf,
des dorlis,
des kalazaza,
des chabins à-poil-sûr,
des diablesses à talons,
des suceurs-de-souskay,
des doussineurs,
des bougres bouffis à tête de manicou,
des maquereaux maigres à yeux ronds de bourrique,
des bonda matés sur jambes à tout-petit pilon,
des gens à pians et à chiques en paquets,

et d'autres cliques pour l'énoncé desquelles mon imagination n'a plus assez d'audace. Et tous venaient là pour des raisons qui finirent par se perdre et qui, dans nos têtes impies, se transformèrent sans doute en des affaires de zouc, de ripailles et bacchanales diverses dont le pays a variété en charge.

Anastasie avait l'art de la crèche. Elle s'achetait un papier spécial aux façons de la pierre, qu'elle déployait savamment froissé sur une cloison de la salle. En son centre, dans la percée illuminée, les santons posaient leur scène immuable mais tellement chargée d'histoires que nous passions des heures à la scruter. Les personnages, au-dehors, peuplaient les escarpements rocheux qu'Anastasie couvrait de neige, de sapins, de boules, d'étoiles, de zinzins chatoyants et de lumières clignotantes. Nous finîmes par disposer de la plus belle crèche du centre ville. C'était le rêve dans la maison, une étrangeté pourtant proche, que nous réinterprétions pour lui donner du sens. Quel mystère que cette neige qui n'était plus de la neige mais la poudre cosmique de la fête, de l'espoir, du bonheur! Quelle curiosité que ces sapins qui n'étaient plus des sapins mais des pieds de magie! Quelle puissance que ces lumières palpitantes si propices aux déports! Le négrillon s'enfonçait dans le monde de la crèche avec un bonheur jusqu'ici sans égal. Il ne s'aperçut jamais que tous ces personnages étaient blancs, même si un des Rois mages lui semblait un peu plus mystérieux. Il avait devant lui une brisure de l'ordre rationnel instauré par les grandes personnes, un peu de rêve concrétisé, une merveille officielle dans laquelle il pouvait se perdre sans éprouver le sentiment d'être encore inachevé. La revanche qu'Anastasie s'appliqua à prendre sur le monde lui offrit, durant d'utiles années, l'exact lieu de maintien d'une abscisse d'innocence.

Il y a, rôdeur, un Noël de cendres, de sang, de feu, quelque levée incompréhensible qui embrasa Fort-de-France, fracassant chaque magie. Les gens d'armes sillonnaient les rues à la poursuite de nègres en rage qui brisaient les boutiques. La radio diffusait du français solennel, des appels et des considérants. L'on voyait moutonner contre les façades des fumées lacrymogènes sur lesquelles Man Ninotte rabattait ses fenêtres. Les visiteurs chuchotaient des milans de barrages, d'incendies, de militaires et de Blancs arrogants. La ville se décousait. De ses arrière-fonds saisonnaient les douleurs. Une stupéfaction frappa durant deux ou trois jours. Les Syriens se protégèrent sous le claquet de treize serrures. Les marchandes du soir (de lait, de titiris, de peaux-saignées) s'étaient égarées. Les persiennes battaient comme des paupières ahuries. Derrière elles, luisaient des regards avides d'explorer le monde mieux que le vol des chauves-souris. Et il y avait un silence, je veux parler de ces bruits sans coutume. Man Ninotte demeura en dehors et nous en protégea. Poursuivant le stockage de ses gâteries de Noël, elle sembla vivre comme si de rien n'était, sauf peut-être quand n'y tenant plus, elle se penchait à la fenêtre au-dessus d'un déferlement de bottes pour hurler contre on ne sait qui : *Pété fwa yo!* Démolissez-les!... Et parfois, je la vis sourire des rougeoiements hoqueteux de la ville qui souffrait. Il y a rôdeur ce Noël de l'en-bas.

L'année nouvelle offrait de nouvelles chances. Man Ninotte s'efforçait de les saisir toutes. Rien des misères de l'année morte ne devait subsister. Les poussières oui, mais aussi les araignées et leurs fils, mais aussi les ravets décimés au flytox. Il fallait changer de feuillage et d'écorce, aérer la terre de ses racines, poser autrement au soleil. Certains gagnaient le bord de mer pour les bains du nouveau démarrage, d'autres savaient de virginales cascades. En ville, dans les bassines et sous les robinets, sur des modes de dosages où les feuilles étaient trois, on se frottait d'une eau verdie par la menthe glaciale, la verveine blanche, le basilic ou le chardon béni. Man Ninotte retournait la maison. Elle marchandait chez les Syriens du linoléum pour le plancher, et le mois de janvier voyait surgir le peintre pour les nouvelles couleurs. Un nègre jovial, énorme, détenteur d'une science subtile de pinceaux et de peintures à l'eau. Il passait une journée à décaper les cloisons, à les brosser, à mastiquer leurs joints, à camoufler leurs trous. Puis, sur la couche d'apprêt, il portait la couleur, plafonds blancs toujours, cloisons bleues, cloisons vertes, cloisons jaune éclairé. En travaillant, le peintre jovial chantait dans toutes les langues du monde. Il ne les connaissait pas, n'avait jamais mis l'orteil en dehors du pays et comme autre vent sur le corps, n'avait éprouvé que celui de la Guyane, où un exil d'amour l'égara brièvement. Mais il tenait à chanter dans ce qui lui paraissait être, *c'est vrai señora Ninotte*, le plus extraordinaire jardin de la création, car l'homme a une bouche comme partout dans la création, mais partout dans la création chacun s'en sert pour une musique différente, *et c'est là miss Ninotte le grand phénomène, il faut y penser madame Ninotte, il faut y penser*. Et comme il ne savait pas un traître mot de quoi que ce soit, il baragouinait en imitant les accents particuliers repérés de-ci de-là au travers du pays. Les nègres anglais employés à la cuisson du sucre chez les békés l'avaient informé des sonneries de l'anglais. Les koulis, dans leurs cultes votifs, lui évoquaient les bruitages du tamoul et d'autres langues sacrées. Les Syriens lui suggéraient l'arabe en plusieurs touches. Dans les hauteurs du Vauclin, il visitait un vieux-nègre Congo qui, entre ses gencives violettes, tambourinait l'africain dans un lot de manières. Et quand il repeignait leurs épiceries, il traquait les Chinois afin qu'ils lui nasillent la clameur babélique de leur empire céleste. Pour le reste, il puisait dans son transistor sur les ondes duquel il naviguait durant des nuits entières. Le ciel épuré de ses clameurs transmettait de lointaines marées à son oreille curieuse. Le négrillon le suivait d'une pièce à l'autre, à mesure qu'il changeait son échelle de place, répétant après lui ses braillements de langues étranges, son ivresse des accents, et ce délire bienheureux quand en pleine envolée il mélangeait le tout.

Avec le peintre jovial, les langues et les couleurs, l'appartement retrouvait une jeunesse que Man Ninotte accompagnait de fleurs. De ses trésors cachés (quatre mallettes taciturnes, closes toujours, posées haut par-dessus la penderie), elle sortait une nappe de velours et l'exhibait sur la table durant les premiers mois. Et, partout, elle semait les graines, graines-maïs, graines d'oranges, graines-mandarines, graines-ceci, graines-cela, bourgeons des graines de lentilles sur du coton mouillé, toutes choses qui signalaient à l'argent le bon endroit où s'ancrer pour l'année. Car la graine a moins de passé que de futur, elle est en promesses sur demain, et, der-

rière chaque promesse, elle déploie une promesse.

L'année nouvelle, c'était le temps des visites, du
punch et du vermouth. Les commères du
Lamentin défilaient, et Man Ninotte s'en allait
souvent avec sa plus belle robe vers nos restes de
famille dans le haut des communes. Le Papa,
lui, recevait ses compères *(Héé, qu'est-ce qu'il y a
pour la gorge ?)*, des assoiffés de naissance, souf-
freteux du gosier. Ceux-là se titraient philo-
sophes du rhum car ils savaient en détailler les
saveurs bien que l'avalant sec, d'un coup flap,
sans sucre, sans eau, sans peur, avec juste un
imperceptible égarement de pupille, accompa-
gnant le plaisir du rhum qui descend. Je n'ai
nul souvenir de leurs conversations. Les enfants
après leurs déférentes salutations étaient éloi-
gnés des grandes personnes. *(Ho, le rhum appar-
tient à la bouteille, dites donc ?)* Ils n'étaient jamais
très nombreux. Cela allait. Cela venait. La messe
du punch n'est pas de grande assemblée, elle se
situe entre le parlement et le conciliabule, sur
un paradoxe d'explosion braillarde et de voix
basse complice. Son protocole veille à la multi-
plication des prétextes à boire. On prend pour
l'arrivant ou pour celui qui va arriver. On prend
pour celui qui part comme pour celui qui va
partir et pour celui qui est presque parti. On
prend pour les morts de l'année et chaque fois

qu'on a ri. On prend juste avant une déclaration fondamentale sur la vie ou sur Césaire. Et on prend pour bien suivre ce que l'autre doit redire. Et on s'en va vers un rendez-vous pour punch en d'autres lieux. La messe urbaine du rhum pose son temps entre onze heures trente et treize heures. Qui visite à cette heure visite de verre en verre, il doit être reçu, il doit être servi. S'attarder c'est perdre sur l'enfilade, donc il faut boire vite et sonner sa parole.

O seigneur, préservez-nous de l'eau !...

Mets-le, pèse-le, pose-le, je le materai !...

Oh, si les tétés de ma manman avaient été au rhum, j'y serais encore à deux mains et deux pieds !...

C'est lui l'assassin qui a tué mon papa, qui a tué ma manman, et c'est lui qui me tuera !...

Mollo sur le sirop qui donne la cirrhose !...

Oh rhum, unique objet de tous mes sentiments !...

Qui sentait une douleur se voyait rassuré : *C'est le foie qui nous sauve, c'est la foi qui nous tue !...* Et on trinquait pour la propagation de la foi parmi les infidèles, sur des larmes de jeunesse, des souvenirs de guerres coloniales, et surtout sur la bouteille elle-même, dont l'apparition suscitait toutes les soifs, et inversement, et indéfiniment.

Bobo suintant sur chaque genou
C'est autant de galons

Les Grands vivaient un monde. Le négrillon s'en percevait exclu, comme entre parenthèses. Son rêve était de partir à l'école comme les autres, d'affronter comme les autres cette ville dont il ne savait que la perspective de sa rue. Il disposait, lui, d'un autre monde, curieusement invalidé, dont la richesse inépuisable était cause de vertiges. Mais il se surprenait à tendre vers celui des Grands avec une confuse impatience. Il inaugurait là une insatisfaction qu'il ne savait pas inhérente à l'homme même. Il sut tout de même vivre les ombres et les silences, garder le regard à hauteur de ses yeux, là où personne ne voyait plus. Et il prit le parti de voir ce qu'il voyait, comme il voyait, résolu à explorer son indicible état.

L'après-midi, Man Ninotte cousait les vêtements des enfants, ou alors fabriquait des fleurs en papier crêpe selon un art reçu, paraît-il, dans des temps de jeunesse à la sacristie du bourg, au Lamentin. Des roses, des glaïeuls, des œillets fournis pour les fêtes des Mères, les Toussaints, et les anniversaires. Elle les livrait à quelque commère du marché avec laquelle se partageaient les gains. Assise en face de la fenêtre, devant sa machine à coudre au bruit de douce crécelle, elle semblait sortir du monde, ne chantait pas, ne parlait pas, ne regardait rien, ne voyait rien, oubliait même le négrillon lové à ses pieds près d'une bombe de margarine transformée en réceptacle des boutons, des aiguilles, des fils emmêlés, des chutes de toiles utiles aux rapiéçages. Autour, la maison s'assoupissait sur de vagues bruits de vaisselle, des susurrements de radio, des soupirs du bois, la poésie lointaine d'une autre machine. Les manmans ne se reposaient jamais. Elles changeaient simplement de travail et de rythme. Mais elles ne supportaient plus aucune agitation. Le négrillon dut apprendre à réduire son espace, ses gestes, ses demandes, à se fourrer sous une carapace de tortue-molocoye et à en adopter l'économique existence. Les rumeurs de la rue levaient moins haut. Les Syriens somnolaient derrière leurs tiroirs-caisses ou pansaient leur exil en quêtant leur pays au fond d'énormes radios. L'après-midi s'écoulait ainsi jusqu'au retour des Grands libérés de l'école, et l'espèce de sursaut que connaissait la ville.

Il avait dix mille questions. Man Ninotte se fatiguait vite d'y répondre. *La vie*, grognait-elle, *est déjà assez déchirée pour ne pas encore la déchirer avec des questions déchirées.* Sans savoir lesquelles, le négrillon percevait bien qu'elle fonctionnait avec quelques certitudes, quatre, cinq ou six, dont l'une était l'exigence de réussite de ses enfants. Elle avait résolu de ne pas en dévier et de ne plus les questionner. Et surtout d'en payer le prix. Ainsi, elle tenait la déveine au collet, et la déveine avait du mal à lui échapper. Et, tandis que le négrillon classait les boutons par couleur, démêlait une pelote ou se torturait lui-même de questions insensées, Man Ninotte ramenait un short d'une perdition, lui prolongeant l'utilité pour encore quelques mois. Elle quittait sa machine d'un pas si sûr que le négrillon la soupçonnait d'avoir planifié à la seconde ses moments à venir : le faire-cuire, le mettre-à-tremper, le descendre-chercher, l'aller-voir-au-marché. Sa soirée s'horlogeait dans une précision dont la rêverie était exclue, les états d'âme aussi — et les questions, bien sûr.

Il la suivait pas à pas, avait besoin de sa présence. Elle le tolérait dans ses pieds, sauf aux abords du réchaud. Il était épouvanté quand elle atteignait l'escalier et s'en allait dans la rue, vers la marchande des légumes-soupe. Il craignait de ne plus la revoir et demeurait muet d'épouvante jusqu'à son retour. Et, comme elle

revenait toujours, il apprit vaguement à domes-
tiquer cette horreur.

La soirée s'avançait rassurante : Man Ninotte
n'allait plus s'en aller. C'était le moment d'une
nouvelle touche à la soupe éternelle, le moment
de faire frire morue, carangues et coulirous. La
nuit mûrissait dans des senteurs d'oignons frits,
de piment frais, de moelle exaltée dans du
bouillon de légumes. Tout en cuisinant, elle
interrogeait les Grands sur leurs leçons, se faisait ânonner les cahiers de texte, et réciter des
résumés de sciences naturelles, d'Histoire de
France, d'hypoténuses et de surfaces. Man
Ninotte semblait posséder science mieux que les
livres eux-mêmes. En fait, elle ne faisait que sou-
peser l'hésitation, le tressaillement du mot, le
regard en biguine sous une paupière troublée.
Elle traquait l'inconséquent jusqu'à la fermeté
d'un débit impeccable, preuve insigne d'un
savoir vrai. Quand le négrillon dut par la suite
subir la même épreuve, il avait déjà tellement
observé sa technique qu'il parvint dans un premier temps à camoufler ses ignorances. Mais
Man Ninotte déjoua l'astuce. Un soir qu'il
pataugeait d'une voix ferme dans une affaire de
Gaulois à moitié inventée, elle leva les yeux de
ses casseroles, rejeta la tête dans un silence de
cimetière. Puis, elle lui expliqua doucement
oui, que l'on pouvait apprendre les macaque-

ries, mais jamais mieux qu'un vieux macaque. Désormais, elle eut du mal à lui faire confiance. Le négrillon se vit condamné à réciter ses leçons deux fois mieux que quiconque, et à recommencer au moindre arrière-début d'une ombre de bégaiement.

La table de soirée était le lieu des règlements de compte entre Grands. Des histoires capables de bouleverser la création : un peigne déplacé, un journal dont la couverture avait été dégrafée, un lavage de vaisselle non rendu, un rapportage infâme. On promettait des coups, des écorchements vifs, on se déclarait des haines définitives souvent éteintes dès la dernière bouchée. Man Ninotte calmait les ardeurs en distribuant la soupe, les poissons frits, le bout d'avocat, la tranche de salade. On se devait de vider son assiette et personne n'était autorisé à gâcher quoi que ce soit. Elle se mettait à table quand nous avions fini. Les matelas déroulés et les lits de camp ouverts remplissaient l'espace vital en dehors de la cuisine. Seuls Man Ninotte et le Papa disposaient d'un lit élevé sur pattes de fer par-dessus notre sommeil. Anastasie, armée de la pompe, fly-toxait tout-partout en sorte de calmer préventivement l'ardeur des petits ravets qui, dès les lumières mortes, donnaient un bal à travers la maison. Le négrillon devait gagner son lit de camp, mâchouiller sous contrôle sa prière à Viergemarie, et prendre sommeil au plus vite.

Les Grands restaient à chuchoter dans le noir, à rire et à se raconter leur vie en ville. Le négrillon tendait l'oreille sans jamais rien comprendre. Cela sarclait autour des sentiments : des gens qu'on apprécie, des mounes qu'on déteste, telle personne qui jalouse, machin qui est gentil, une telle qui est une rosse. Parfois, on évoquait le trouble d'une émotion sauvage et très puissante, suscitée par des êtres particuliers. Cette chose bouleversait le cœur, mais pas un ne pouvait encore la nommer. Maîtres et maîtresses (prêtres de science, gardiens de l'hostie du savoir) disposaient d'une influence démesurée. Leurs façons de parler, leurs mots, leurs tics, leur être en son entier bien plus que leur enseignement, devenaient des balises à partir desquelles les Grands réglaient leurs propres attitudes. De la salle, mêlé aux tintements de leur fourchette, parvenait le murmure de Man Ninotte et du Papa. Il y avait dans leurs voix du soir une gravité jamais présente dans celles du jour. C'était sans doute le moment des comptes du porte-monnaie, des affaires de factures et de dettes, l'égrenage du chapelet des petites misères. Ils en parlaient jusqu'à ce que l'indicatif de la radio annonce « Les Maîtres du mystère ». Alors le négrillon ne

88

les entendait plus. Il s'endormait souvent sur cette voix lointaine d'un Blanc expert à vous nouer la gorge sur des histoires épouvantables.

Reniflée sur sept rythmes
la mèche à la narine mûrissait jusqu'au jaune

J'ai trouvé!... Il n'y avait pas d'heure pour les découvertes algébriques de Jojo. Il défaisait le monde en petits chiffres et l'enfilait dans des formules dont il avait du mal à émerger lui-même. Et quand il en sortait, il hurlait son cri de guerre, quelle que soit l'heure, l'épaisseur des sommeils, la douceur de nos rêves. Ces découvertes en plus ne nous servaient à rien.

Les fleurs en papier de Man Ninotte se vendaient bien, selon les périodes. Il n'existait pas encore de fleurs artificielles. Elle saisissait les pétales dans un fil de fer qui leur servait de tige. Cette tige s'habillait d'une crépine verte imbibée de colle, dans laquelle, en tournant, elle insérait les feuilles d'un autre vert, découpées selon des formes variées. De fleur en fleur, les bouquets se constituaient. Le négrillon les voyait magnifiques. Ils s'entassaient sous la fenêtre de la chambre à mesure que l'après-midi avançait. La lumière du jour tombant dessus leur conférait la féerie d'un naturel trompeur. En attendant de les livrer, Man Ninotte les enrubannait sous un papier transparent, craqueur-sonneur comme du cristal. Si elle semblait fière de son art, nul ne la vit jamais poser ces créations sur le trône du buffet dans la lumière des beaux dimanches. Elle n'y plaçait que des fleurs naturelles, odorantes, qu'une commère lui livrait. La fleur est surtout un parfum, enseigna-t-elle donc sans un mot au négrillon veilleur.

En des périodes irrégulières, elle fabriquait des sucreries. C'était peut-être lié à son humeur. Les jours du sucre étaient bénédiction. Man Ninotte savait tout faire, les gâteaux, les sikdôj, les filibos, les torsades colorées fondantes sur la langue, les macawon, les lotchios câpresses, les la-colle-pistaches. Des madames de bonne famille lui passaient des commandes, et elle piétait durant des heures au bord du four en compagnie de la Baronne. Mesurer la farine, casser les œufs, brasser le tout, lever les blancs. Le négrillon se mettait à l'appel quand le sucre entrait en jeu et rendait l'affaire douce. Il devenait goûteur, essayeur, doseur, suceur de cuiller, de fourchette, d'assiettes et de bassines, empressé au rendu des services à mesure que la pâte d'un beau jaune muait vers le gâteau. Il beurrait-farinait les moules, recueillait leurs débords quand on les remplissait. Il était aussi guetteur au four, préposé aux qualités de la couleur, si ça vient ou si ça ne vient pas et comment ça vient. Pour les filibos, les sikdôj, les caramels et compagnie, Man Ninotte maniait un marbre. Elle y posait à refroidir les chrysalides ardentes des bonbons. Le négrillon, éloigné par les risques de brûlures, se voyait concéder les marmites au cuivre zébré du sucre cuir — dentelles figées de la bénédiction.

Les gâteaux sortaient du four plus ou moins grillés, plus ou moins noircis, parfois juste à point quand le négrillon avait reçu la grâce d'une intuition. Il fallait souvent, au couteau, les ramener à une teinte orthodoxe. Pour leur décoration, Anastasie la Baronne se disait experte, en clair : mapipi. Elle les disposait sur des assiettes, préparait ses douilles, sa crème divine et transformait le rond noirâtre, plus ou moins massacré, en un gâteau gemmé de billes d'argent, sculpté de circonvolutions blanches. Pour les grandes occasions, elle y inscrivait des noms, des souhaits hors d'atteinte du négrillon analphabète. Il en savait juste la vertu comestible. Écrire avec du sucre et dévorer l'écrit. Cela fleurit bellement son enfance : le mystère de l'écrire et la joie du manger. Quand Anastasie se trompait, elle lui décollait une lettre, un mot. Il les engloutissait en confiant au plaisir de ses papilles le soin du décodage. Les gâteaux rassemblés conféraient à la salle une atmosphère de baptême irréel. Attristés, nous espérions contre toute logique qu'ils ne s'en iraient pas chez leurs commanditaires.

Se réveiller la nuit avec Man Ninotte afin de transporter le pain-au-beurre de communion, une savante tresse de pâte à beurre, étalée sur une plaque que le four de la maison ne pouvait recueillir. Le boulanger accordait à Man Ninotte cette chance : profiter, vers l'aube naissante, de la chaleur de son four, à l'achevée de ses fournées de pain, et venir cuire soi-même. Man Ninotte y emmena plus d'une fois le négrillon. Oh, l'univers nocturne des faiseurs de pain ! Fort-de-France pour eux n'était qu'une ombre grouillante. Le vent de nuit revenait de fosses marines, d'herbes endormies, de terres fumantes d'humus. On quittait la placidité extérieure, pour basculer dans le fournil. Il semblait une caverne assiégée. Tout y était encombré, empressé. Le boulanger économisait les lumières. D'inquiétantes zones d'ombres peuplaient les abords du travail. Les feuilles de cocotier qui servaient à embellir les croûtes s'entassaient auprès des cuves tournoyantes sous une pâte crémeuse. Partout, l'effluve du four parfois ouvert. Une vision inoubliable que ce four. Si profond. Si rougeoyant. Il menaçait la vie d'une haleine de dragon. Les pâtes, abandonnées au loin par la gaule du mitron, semblaient y vivre une vie qui leur faisait du bien, et elles en sortaient en dorée renaissance. Tout était sombre, et chaud, et lourd d'une odeur de farine prisonnière, de paille-coco, de poussières roussies, de lait ancien, de jaunes d'œufs, de pain rassis, de pain frais et de pain oublié. Le four régnait de ses ondes de volcan maîtrisé. Le boulanger et ses garçons semblaient ses domestiques, hiérodules obscurs d'une dévotion sacrificielle que la nuit soulignait. Le pain au beurre de Man Ninotte cuisait très vite, et, dans le jour naissant (une clarté qui lève de partout et qui erre en attendant de se rétracter en œil fixe de soleil), nous le ramenions vers l'épais chocolat d'amandes de nos communions religieuses.

Chocolat-première-communion
l'écrire c'est saliver
y penser c'est souffrir
communier c'est chocolat

On ne quitte pas l'enfance, on la serre au fond de soi. On ne s'en détache pas, on la refoule. Ce n'est pas un processus d'amélioration qui achemine vers l'adulte, mais la lente sédimentation d'une croûte autour d'un état sensible qui posera toujours le principe de ce que l'on est. On ne quitte pas l'enfance, on se met à croire à la réalité, ce que l'on dit être le réel. La réalité est ferme, stable, tracée bien souvent à l'équerre

— et confortable. Le réel (que l'enfance perçoit en ample proximité) est une déflagration complexe, inconfortable, de possibles et d'impossibles. Grandir, c'est ne plus avoir la force d'en assumer la perception. Ou alors c'est dresser entre cette perception et soi le bouclier d'une enveloppe mentale. Le poète — c'est pourquoi — ne grandit jamais ou si peu.

L'eau est arrivée! L'eau est arrivée! L'événement de chaque jour, c'était l'eau. Fort-de-France commençait juste d'apprivoiser une eau courante, tuyautée à domicile. On avait plus ou moins abandonné les fontaines publiques, épicentres des émeutes matinales. Cela se produisait encore dans les quartiers des mornes. A l'apparition du négrillon, le centre-ville n'en était plus là. Aux angles des rues, les anciennes fontaines ouvragées coulaient parfois en pleine indifférence. Elles allaient s'assécher, puis disparaître sans que nul ne s'avise d'en garder la mémoire. Le tuyau de la maison pénétrait jusqu'au premier bassin de la cour. De là, il déversait une eau qui n'était courante que durant quelques heures. De bon-matin, cinq heures, elle jaillissait du robinet ouvert, disparaissait à sept heures pour réapparaître de midi à quatorze heures. Pour les affaires du soir, il fallait attendre dix-sept heures et se débrouiller vite car elle tarissait au son des dix-huit heures.

Et n'avions plus de ses nouvelles jusqu'au lendemain. Le négrillon connut donc ce temps où
l'eau arrivante conservait grand mystère. C'était
pour ainsi dire un donné quotidien du Bondieu. Chaque enfant rêvait de l'annoncer aux
grandes-personnes, qui appliquaient une
urgence de stockage en casseroles et bassines.
Aucune goutte ne devait manquer aux nécessi-
tés de la journée. Il y en avait donc toujours un
qui, sorti de son lit, se mettait à l'affût près de la
fenêtre du couloir, silencieux dans le jour naissant au-dessus de la cour, à surveiller le robinet
de cuivre. Le suspense se prolongeait souvent.
L'employé municipal n'était pas d'un naturel
précis, des fois même, il était en retard. En
d'autres heures, pas si rares non, l'eau glouglou-
tait malement sous la sirène de midi, ou pire :
n'arrivait pas jusqu'au lendemain. Donc son
arrivée demeurait une agréable surprise qu'il
fallait annoncer : *L'eau est arrivée! L'eau est arrivée!* Le découvreur se mettait à tourbillonner
dans le couloir comme une toupie mabiale
décentrée, ou sans doute comme le colibri-
madère frappé de soleil au mitan de la tête.

L'eau est arrivée! L'eau est arrivée! Et tout le
monde courait-venir, se bousculait, réglait une
vitesse sur l'eau offerte. D'abord les grandes
personnes. Man Ninotte, toujours en tête, remplissait son bassin, puis ses bassines, puis ses six

ou sept bombes, puis quelques casseroles, puis ses carafes. Les autres manmans faisaient de même. Chacune, derrière, persiflait :

— Eh bien, madame-une-telle, tu ne presses pas ton petit corps ?...

— Oh mon dieu, l'éternité est descendue sur terre et c'est nous qu'elle vient visiter !...

— A-a ! si on prend son petit temps, je vais prendre mon petit temps aussi !...

— Han, toutes les bourriques sont bien pareilles : elles n'avancent pas vraiment !...

En fait, chacun stockait l'eau bien au-delà de ses utilisations du jour : régnait la crainte diffuse que la municipalité ne se ravise et ne l'accorde plus. Après, il restait un rien de minutes que les enfants devaient mettre à profit pour se laver. Et comme on ne pouvait faire la queue, nous entrions tous en débandade frétillante dessous le jet. Les plus grands, gardiens des hygiènes, nous traquaient pour un coup de savon, un décrassage du cou, une position de brosse sur la dent. Puis cela dégénérait en une guerre sans merci, une sorte de fête de l'eau venue de loin, accomplie chaque matin, à l'instar des libellules dont le négrillon savait déjà les codes.

Petit chanté de ma carafe : elle détient l'eau dans l'ombre toujours, et lui diffuse les goûts d'une source ancienne. Elle scelle l'eau et s'en fait une complice, elle l'habite et l'eau l'habite, et elles fondent si bien ensemble qu'en pire carême, leur cœur est frais.

L'eau est arrivée signifiait pour les enfants : la fête commence. Les grandes personnes, elles, l'abordaient sous l'angle utile, un peu préoccupées. Il fallait mesurer juste sinon on se retrouvait à mendier un peu d'eau à madame-une-telle pour achever quelque lessive, ou pire, à s'en aller puiser dans la réserve d'une autre qui, visiblement, n'en avait pas besoin. Chacun comptait ses bassines et ses bombes, vérifiait son bassin, et surveillait la hauteur de son eau comme campagnard les feuilles de son jardin d'ignames. *L'eau est arrivée*, ça voulait dire : attention, évalue ta journée et calcule sur chaque déveine possible. Le grand jour d'eau pour Man Ninotte était le lundi, son jour de lessive. Elle transportait dans la cour les draps et les vêtements de la semaine, une pile démesurée qui lui touchait la taille. Cette tâche s'affrontait en chantant comme elle l'avait appris des lavandières du Lamentin. Mettre à tremper, battre, tordre, javelliser, rebattre, retordre, changer d'eau, y mettre du bleu, savonner, frotter, tordre et battre, une procédure tortueuse que le négrillon suivait les yeux écarquillés, et dont il ne comprenait pas la logique. Et Man Ninotte chantait à tue-tête des chansons de Saint-Pierre, de Tino Rossi, d'Édith Piaf, d'Aznavour, de Luis Mariano, de Guetary, des valses et des tangos. « *Marinella* », « *Au ciel brûlant d'Andalousie* », « *Un soir de mai* »... Elle savait l'histoire de Ninon, folle du nylon. De Marie-Clémence dont toutes les affaires, même la plus douce, étaient maudites. De Gros-Carette qui fréquentait les femmes-manawa dans une rue douteuse du Saint-Pierre d'avant-temps. Elle savait tout de Régina, femme sirop, vraie crème à la vanille, qui l'amour demandait. Celle du bossu qui, malgré les officiers du bord, sut garder sa femme en lui déposant chaque jour, dès quatre heures du matin, les sous du déjeuner. Parfois, au loin, derrière le mur du fond, une autre lavandière de ville lui répondait par d'autres chansons, et Man Ninotte chantait encore plus fort, avec encore plus d'arrogance :

C'est par un soir de mai
que je l'ai rencontré
par un ciel plein de lune
l'amant aux lèvres brunes

Et depuis ce moment
je fus prise vraiment
une adorable flamme
s'alluma dans mon âme

L'autre redoublait d'ardeur pour soutenir le rythme. Man Ninotte délaissait alors son linge, inspirait à toute, et mains aux hanches, concen-

98

trée sur la portée de sa voix, entrait en sérénade vraiment sonore.

Donne-moi les baisers enivrants
écrase-moi sur ton cœur aimant
fais couler le flot de tes caresses
dans mes veines avides d'ivresse

Plus rien ne pouvait l'arrêter, elle en oubliait tout, préoccupée seulement de terrasser l'impudente sous l'indiscutable largesse de son répertoire, les ressources impériales de sa voix, les échos de falaise de sa poitrine. Bientôt, l'adversaire s'arrêtait. Silence. Man Ninotte poursuivait encore longtemps avant de la déclarer vaincue, gorge déraillée, aphone. Et elle hurlait au monde qu'elle était imbattable car son destin véritable eût été d'être chanteuse d'opéra, mais que par malheur sa mère n'ayant pas de sens artistique ni de goût particulier avait préféré l'utilité d'un apport d'argent en l'envoyant travailler comme cuisinière pour une madame de Fort-de-France. Ainsi, le négrillon sut pourquoi il était né en ville.

Durant le reste de la semaine, la cour se voyait peuplée de linges séchant. Des élans de toiles claires s'élevaient aux alizés. Le négrillon avançait parmi ces cloisons mobiles qui partageaient la petite cour dans l'odeur bonne de la javel, du savon, de l'amidon raidissant, de la senteur du coton. Man Ninotte ne disposait jamais d'assez de place. Elle avait fini par étendre quelques lignes à linges sur le toit des cuisines, et l'homme d'aujourd'hui ne comprend toujours pas comment elle parvenait à y grimper. Le linge étendu déroutait l'habitude des libellules. Elles ne trouvaient plus, scintillantes en bord d'abîme, les petites gouttes de la rosée des fêtes. Alors elles tournoyaient, effrayées de la vie ample des draps sous la virée d'un vent. Le négrillon aimait à enfouir son visage dans la toile propre, s'enivrer de ce bouquet particulier. Ou demeurer assis dans le cadre de quelques draps, monde de blancheurs humides qui offrait un peu d'âme à chaque souffle.

Les jours de soleil, tout va très vite. La toile sèche et raidit, elle vole aux alizés des parfums discrets et sait les conserver. Elle reflète aussi un peu du ciel : c'est l'émotion du bleu dans toutes les couleurs. Les draps aspirent le monde. Dans un éclat insoutenable, ils se campent et résistent aux vents. Man Ninotte les aspergeait alors d'une eau cendrée, secret d'un blanc sans faille au bout de l'embellie.

Elle passait alors pour une longue récolte qui s'entassait sur ses coudes, habillait ses épaules. Elle ramenait le tout à l'étage pour des séances de pliures auxquelles le négrillon était convié, science particulière qu'il se plut à laisser à hauteur sensitive, prenant juste plaisir à étirer les draps, à tourner-virer afin de les plier selon des lois secrètes que Man Ninotte lui transmettait par ordres. Et là aussi, elle chantait, elle chantait.

Durant le repassage, Man Ninotte ne chantait pas. Les journées de mercredi étaient brûlantes et silencieuses dans le maniement de trois fers à charbon. Elle les posait dans une bassine de braises, les essuyait avec un chiffon propre et se mettait, dès quatre heures du matin, à repasser le linge plié par la Baronne. Dans la nuit, environnée des rougeurs de la braise, les fers d'enfer à la main, elle commençait généralement par le linge d'école des Grands : gaule de coton pour les filles agrémentée d'un brin de dentelles, short kaki et chemisette pour les garçons, parfois rapiécés en sorte que tous ignorent. L'étape suivante portait sur le drill blanc du Papa, une élégance compliquée dont les escampes devaient descendre au fil à plomb, et que Man Ninotte suspendait, pour un séchage définitif, au premier soleil infiltré dans la salle. Le Papa et les Grands trouvaient leurs vêtements frais en sortant de leur bain. Ils s'en allaient après leur chocolat, leur café, et ces

pains-saucisson que Man Ninotte leur avait pré-
parés lors d'une pause, à sept heures.

Penchée à la fenêtre, Man Ninotte accompagnait du regard ses enfants en route vers les
rigueurs de l'école. Ses lèvres battaient sur deux
prières. Le négrillon les sut par la suite destinées, l'une à saint Expédit, l'autre à sainte
Judith. Il bénéficia en ses heures de la même
protection, au point que, longtemps, dans les
salles d'examens et de concours, il eut le sentiment de les avoir à ses côtés.

Elle revenait ensuite à son repassage. Le négrillon, demeuré seul avec elle, contemplait le formidable effort de la négresse guerrière contre
une pile de linge qui dépassait la table. Elle
transpirait. Une vapeur fusait du linge aspergé
durant le repassage. Elle appuyait sur les vêtements épais lorsque le fer, perdant de sa chaleur, réagissait moins bien. Elle saisissait alors
un autre fer bien rouge, nettoyé d'abord avec le
chiffon propre, puis lubrifié avec le chiffon
imprégné de bougie. Avant de l'appliquer sur le
vêtement savamment agencé, elle le nettoyait
une fois encore. Man Ninotte ne disait mot, ne
levait pas la tête, semblait en voyage vers un
morne d'en elle-même. Ses mains exécutaient
les pliures, les escampes, les positions de cols et
de zones délicates, avec une précision à moitié

mécanique. Elle était grave : les jours de repassage étaient jours dangereux. On pouvait en ramener quelque froidure ou congestion subite. Voici pourquoi.

Le monde en ce temps-là était divisé entre le chaud et le froid. La santé s'équilibrait dessus. La maladie surgissait lorsque dans ton chaud tu avais introduit le froid d'une banane ou d'une eau de coco ; quand le chaud de ta tête s'était vu surpris du fil glacé d'une goutte de pluie ; quand sur ton chaud d'estomac, les boutons dégrafés, tu avais laissé pauser la soudaine fraîcheur d'un vent coulant venu des hauts. Tel mangot devenait un poison car il relevait d'un principe froid qui (après une course courue, au bout de la chaleur d'une journée active), pouvait te tuer tout net (ce que la langue créole désigne par *lan mô fwèt* — la mort froide, ou mort en froid).

Si la vie du pays était naturellement chaude, le pire était le chaud du repassage. Tu y défaisais la sensible horlogerie. Pour demeurer en vie après, il te fallait manier treize prudences. Man Ninotte repassait fenêtres fermées, et porte close. Ce travail achevé, elle ne changeait pas de vêtements, s'épongeait la sueur avec une serviette à température de la pièce du repassage, et, de tout le reste de la journée, ne touchait

103

aucune eau, se méfiait des pluies et des vents, ou des fruits au cœur froid. Donc, elle restait dans le chaud. Le négrillon, curieux de cette terrible division du monde, transpirait consciencieusement avec elle.

Quelquefois, pour vérifier, il brisa l'équilibre, stationna sous une pluie, ou fit de la gorge dans un vent descendant. Le soir, une toux hamg hamg déraillait son sommeil. Man Ninotte entrait alors en sa vieille guerre contre les maladies. Elle-même n'était jamais malade, ou si jamais elle le fut, nul ne la vit couchée. De plus, elle refusait les médicaments de pharmacie appliqués pourtant à ses enfants. Pour son corps-même, n'avaient droit de cité que les médications végétales (thés, infusions, liqueurs) prescrites par les marchandes guérisseuses du marché. Elle savait doser ses propres herbes, explique la haute confidente examinant cette contradiction. *Je savais mesurer mes fièvres et l'aiguille de mes douleurs; mes boyaux, mon ventre, mon cœur, connaissaient l'herbe-guinée, les saveurs de l'à-tous-maux et de l'herbe cha-cha. Mais pour vous, marmailles, corps neufs que je ne connaissais pas, il fallait laisser faire l'homme docteur de la médecine. Car chaque plante de santé est une sorte de poison, et ce n'est pas un poison de la même manière pour tout le monde. J'ai vu l'herbe cha-cha bloquer le foie d'un-tel*

104

en deux jours, et ne rien faire à tel autre nègre durant
plus d'une semaine, sinon un bien à la vigueur.

La médecine créole perdait ainsi ses voies de
transmission. L'homme sait qu'il y a aujour-
d'hui des peuples brisés, auxquels il faut réap-
prendre d'élémentaires gestes de médecine et
d'hygiène, qui sont en rupture avec leur propre
génie, et qu'on tente de « développer » au
rythme d'un autre génie. Un peuple défaille et
meurt quand pour lui-même s'invalide sa tradition, qu'il la fige, la retient, la perçoit comme
archaïque sans jamais l'adapter aux temps qui
changent, sans jamais la penser, et avancer riche
d'elle dans la modernité. Ainsi, nous-mêmes,
par ici et par là.

L'homme de la médecine était un vieux docteur
mulâtre que le négrillon dut appeler Tonton. Il
semblait ne jamais quitter son cabinet, ni sa
blouse blanche, ni son stéthoscope. Chauve, le
cheveu en razié sur l'oreille, un peu canaille
dans la parole mais franc dans les manières, et
aussi généreux que ce crabe d'un conte offrant
lui-même sa tête. Les cinq enfants de Man
Ninotte (chacun vérifiant l'ordre du chaud et
du froid) la forçaient à consulter au-delà des
possibilités de son porte-monnaie. Tonton ne
lui demandait pas un sou, toujours disponible,
matin, midi, soir, dimanche et nuit profonde, il

répondait à ses appels, et trouvait toujours du temps pour une visite au malcadi du jour. Quand un argent surgissait dans la maison, Man Ninotte ne l'oubliait pas, et un jambon du cochon de Noël lui revenait de droit.

Après lui venait le pharmacien, un géant taciturne, un peu grognon, dont le sourire s'était fané. Le négrillon allait le voir sur ordres, s'accrochait au comptoir pour clamer : *Manman a dit de te dire que je fais hamg hamg hamg...* Dès ce mot de passe, l'homme au visage cimenté (qui jamais ne signala à Man Ninotte qu'il y avait un prix sur les médicaments) lui tendait sa bouteille de sirop, son cachet, ou les bizarreries que Tonton lui avait ordonnancées d'une écriture gribouille. Lui aussi reçut son bout de cochon de manière intangible.

Être malade, c'était entrer dans la douceur. Man Ninotte devenait plus attentive, plus présente, délaissant quelque peu les autres. Le négrillon s'y vautrait sans vergogne. Son peu de prise sur ses températures le désolait profond. Alors, il ajoutait à ses toux, ses vomis, ses asthmes, d'extraordinaires dramas. Man Ninotte le comblait de gâteries, d'histoires dessinées, d'une douceur de marché. Elle se préoccupait de lui dès son retour du dehors, le bordait à l'approche de la nuit. La Baronne aussi se montrait empressée. Marielle, Paul et Jojo, après une touche de commisération, s'en foutaient. Un malade ne signifiait pour eux qu'une tâche supplémentaire à inscrire aux ennuis ménagers.

Le négrillon vivait tellement bien sa condition de malade que Man Ninotte devait le tétaniser d'un mot créole au bout de quelques jours. Lui signifier, la comédie finie, qu'il lui fallait se retrouver à la verticale, car la maison n'est pas un hospice ni un asile, *cet enfant-là prend la vie pour un bol-toloman, eh bon bon dieu mais c'est quoi, han ?...*

L'auvent de tôles
casquette de la façade
transformait la pluie en de longues cordes
fragiles

Dans l'ordre de la santé, il y avait le chaud et le froid, mais il y avait aussi les mauvais nègres. Ces personnes-à-pouvoir rôdaient en ville, jalouses, envieuses, méchantes, goûtant un plaisir trouble aux semailles de leur mal. Il fallait les surveiller. Les manmans se tenaient à l'affût. Les marmailles ne devaient hurler ni un nom, ni un prénom, en sorte qu'aucun vent d'encens ne se les garde en soute. Il ne fallait confier aux mauvaises oreilles, branchées aux alizés, que la bêtise sans âme des tout petits surnoms. Il fallait

107

surtout veiller à ce que quiconque ne leur passe une main sur la tête. On avait vu des enfants devenir mystérieusement couillons. Une négresse des hauts, de passage à la demande d'une voisine envieuse, leur avait sillonné un index sur le front, et ils se retrouvaient ababa et baveux, avec une bien grosse tête et de trop gros genoux. C'était aussi une époque où certains pêcheurs, gagés auprès d'un diable, utilisaient de la chair de marmaille pour leurs nasses et leurs zins. D'autres en avaient besoin pour quelque baptême de diablesse et pour un lot de gestes qui précipitaient au milieu de la ville les charrois de l'enfer. En plus, ils savaient voler les santés, oui, les cueillir comme on cueille des mangots, et les mettre à mûrir dans leurs sacs à jamais. Leurs victimes demeuraient jaunes, dans l'état de ces papayers mâles, inaptes à tout, même à seulement promettre.

Contre ces maudits-là, Man Ninotte avait du matériel disséminé dans la maison, dans son linge, dans son porte-monnaie, devant sa porte, à l'aplomb des fenêtres. A la naissance de chacun de ses enfants, elle avait fait le nécessaire afin qu'aucun faire-mal ne prenne d'amarre sur eux (pour leur intelligence aussi, elle avait travaillé selon la tradition, en miel, herbes, huiles, dans des dosages qui, à son sens, furent impeccables pour le manieur des chiffres, mais un peu

ratés pour le négrillon lymphatique et sensible).
Mais une maladie déclarée posait le calculer sui-
vant : est-ce une affaire de chaud-froid ou une
attaque de mauvais nègre? Si bien qu'avant
même d'aller voir Tonton, et au moins deux fois
par an, et souvent même sans maladie, le négrillon bénéficiait d'un bain de feuilles gardiennes
— géranium, coquelicot, patchouli, fromager —
qui lui adoucissait la peau, luttait contre les
dartres ou autres champignons, et qui, dans le
même allant, lui descellait des pores les possibles envois des nègres-isalopes.

Le négrillon entrait dans ces bains magiques
avec l'esprit en fièvre. Il en sortait porteur
d'une armure invisible, immortel et puissant.
Sans plus attendre, au bas de l'escalier ou sur le
toit des cuisines, il s'en allait, à l'insu de tous et
yeux fermés, affronter un monstre à sept têtes et
à dents jaunes, vivant dans l'antre de ses
angoisses nocturnes.

Après les mauvais nègres, une supposition
levait : les vers. Le mal-être créole provient aussi
des vers. Man Ninotte (comme chaque manman) guettait leur malfaisance dans la moindre
gêne de ses enfants — dans l'œil, sur l'ongle,
dans l'élasticité du ventre, dans ceci, dans cela.
Le négrillon dut subir de fréquentes purges, et
(bien qu'il n'en vît jamais lui émergeant du

corps), de longues tisanes contre les vers, infusées d'une herbe débile, levée en certains temps à l'aplomb des maçonnes, et que Man Ninotte disait mauvaise à l'odeur, bonne à la manière, et bellement sainte en son principe.

Sinon, il fallait se rabattre sur le chaud et le froid, et restaurer cet équilibre avec l'aide de Tonton et du pharmacien.

A la fenêtre
après une larme
prendre la ville en rêverie et s'endormir avec

Sous les lits, Man Ninotte lâchait parfois des lapins qui circulaient dans la maison jusqu'à leur dimanche fatal. Les lapins albinos furent les plus saisissants, beaux, aux yeux roses, mais d'une férocité sans égale. Ils hantaient dessous les meubles comme des zombis de semaine sainte, se matérialisaient dans la cuisine pour un bout de carotte, et se terraient le reste du temps dans les chaussures agonisantes qui encombraient l'en-bas des lits. Car Man Ninotte ne jetait rien. Les vieux linges demeuraient sous le matelas, et devenaient des hardes-cabanes utiles aux macaqueries de carnaval, aux rapiéçages. Parfois, ils reprenaient du service chez d'impensables nécessiteux que Man Ninotte visitait à l'arrière des ravines. Lors des grands nettoyages, l'on gonflait les matelas et leurs linges. Chacun se retrouvait alors dans ce qui était devenu les couches archéologiques de la famille : d'antiques culottes, des shorts sans âge, une chemise de nuit minuscule qui réduisait d'un coup les postures impériales de la Baronne (malgré ses beaux airs, elle était entrée dans ça!...). Les chaussures mortes demeuraient là, dans l'espère d'un hypothétique loisir au cours duquel le Papa (ancien cordonnier, oui, mais conservant ses outils malgré son nouvel emploi de facteur) pourrait y porter les fers de son art, transformer les épais godillots en mocassins vernis ou, pour le moins, en souliers pour l'école. Il dut opérer quelquefois son miracle, mais, le plus clair du temps (les Syriens ramenant d'Italie des merveilles qui tiennent bien et qu'on n'a pas besoin de ramollir au rhum, et qui s'adaptent à la flouze aux fioritures des cors), ces chaussures servirent de paysage funèbre aux lapins dont la férocité était blanche, et chaque coco d'œil rose.

Rappelle-toi : le Chevalier onze heures, fleurit à onze heures, il est bon pour le foie et les blesses, et il semble une herbe grasse.

Enfermé depuis la mort de son meilleur ami, le pharmacien, dit-on, ne boit plus, ne mange plus. Il vit de souvenirs et s'alimente de songeries. Il faut l'imaginer parmi ses bocaux étranges, aux couleurs de pansements, pleins de poudres hiératiques qu'il dosait à l'arrière du comptoir. L'air d'être une teigne, et vidant ses rayons pour de pauvres demanderesses. Sa pharmacie sentait surtout l'éther et peut-être l'aspirine. Elle était à cheval sur deux mondes, ses rayons témoignaient d'une autre pharmacopée, très ancienne, qu'il avait dû manier dans ses jeunesses en pharmacie, et dont il reléguait alors les vestiges, de mauvaise grâce, dans les hauts d'une poussière à laquelle nul ne touchait plus. Tonton, lui, la haute confidente dit l'apercevoir encore, immobilisé dans une vieillesse qui ne semble plus mûrir. Il va et se porte comme s'il n'avait jamais été médecin, il est tout simplement passé à autre chose, comme un qui doute des valeurs de cette terre, et qui voile aux vents de la curiosité, pointant ce regard ahuri des marins naufragés sur un phare. Aucun des deux n'exerce plus. Ils vivent au ralenti quelque part, entre des enfants et des petits-enfants qui ne se doutent peut-être pas des élevées de leur dévouement. Je les veux immortels désormais, aptes aux pérennités dont l'acoma cèle la maîtrise. C'est d'eux que l'homme d'aujourd'hui ramène son goût des mains ouvertes, et tant d'inaptitude à dire non à ce qu'on lui demande. Il sait — en bienheureuse faiblesse — donner.

Un jour que celui-ci, plein du jus de la treille, avait laissé ses sens au fond d'une bouteille... Il y a l'image du papa-cordonnier. Elle est incertaine. Qui parle mémoire? Quel rôdeur se souvient? Il est assis auprès de la fenêtre, le bigorneau sur le genou, il martèle le talon d'une chaussure, taille du cuir au tranchet, coud avec l'alène, lime, teint, brosse, cirage et fait briller. Autour de lui, les chaussures à réparer s'entassent, difformes et rêches. Et lui, au négrillon qui le regarde, il distille son français impeccable, développe sa voix de cérémonie dans les formules soigneuses et dans les phrases qu'il pense. Il sait le pouvoir de la langue française, et, quelquefois, maîtrise une ire de Man Ninotte avec un bout de Corneille, un décret de La Bruyère. Son préféré, c'est La Fontaine, dont il récite au négrillon des fables entières, et s'il ne les connaît pas toutes, il en connaît toutes les morales. *Un jour que celui-ci, plein du jus de la treille, avait laissé ses sens au fond d'une bouteille, sa femme l'enferma dans un certain tombeau...* Pour dire, il baisse à moitié les paupières sur une joie du regard, la lèvre vivant d'une révérencielle malice, l'outil qu'il tient, dressé, soulignant l'arrondi de chaque mot. Il savoure le travail opéré sur les vers, sait donner les musiques et creuser les silences, glisser vite pour réduire un cloche-pied de syllabes. Son sourire éclaire la chute et un ricanement épi-

113

phonème agite son corps lové sur la bigorne : *Il n'y a donc rien à boire dans ce tombeau ?*

Le cordonnier abandonnera ses outils pour l'emploi de facteur à travers Fort-de-France. Il circulait dans les marches du Morne Pichevin, dans les hauts de la Route des Religieuses et des quartiers de Coridon. Le négrillon le voyait survenir à l'heure du punch, ou le soir, exposer son uniforme à gros boutons dorés, et ressortir en gouverneur dans l'escampe de son drill blanc. Plus tard, le négrillon retrouvera des disques de musique classique que le Papa avait savourés sur gramophone dans des temps de jeunesse. On dit même qu'il mania, dans quelque société mutualiste, un violon pas mauvais qui précipitait les dames dans les vertiges d'un oxygène. On dit aussi qu'à la présidence de cette société, il tint de longs discours sur le tranchant d'une langue que la Baronne effilait avec lui. Le négrillon ne le connut qu'en mulâtre à crinière blanche, sentencieux et dominateur, érigeant autour de lui, lors des compagnies du punch, les cathédrales d'un haut français. Ou alors très doux, attentionné, gentil, distribuant ses petits noms et un geste de tendresse rare pour ses affectionnés. Ou alors absent et triste, indifférent, sirotant d'amers punchs en compagnie d'un compère encore plus sombre. Ou alors, plus tard, à sa fenêtre des retraites, guettant le collègue encore actif qui dévalait la rue, sac au flanc, lettre à la dent, et lui faisant des signes d'une main blême de vieillard. Au négrillon, il récite La Fontaine, et le bougre en est avide ho mémoire, tu as donc des dégras dans les battements du cœur?

Les cheveux étaient différents. Paul et Marielle les avaient bleu-noir et moins crépus, un peu comme les personnes koulies. Anastasie portait d'épais cheveux de câpresse : ils lui couvraient les omoplates et nul ne savait qu'en faire. Jojo et le négrillon les érigeaient en petits zéros plus zéro et zéro. Le Papa déployait un ramage de mulâtre, dense et gonflant. Man Ninotte, elle, son cheveu de négresse qu'elle disciplinait sous un mouchoir de madras. Dans la bande du couloir, la gamme s'étalait encore plus. Ce qui n'était pas crépu était appelé beau-cheveu, ou cheveu-kouli, ou cheveu-bel. Le reste relevait de la paillasse, du crin de fer, du jex, du casque, de l'herbe-piquant et de la rocaille — appellations qui signifiaient la chose très peu enviable. Le beau-cheveu acceptait d'abord le peigne, un petit peigne d'os, aux dents serrées d'épileptique, que l'on s'obstinait à vouloir faire régenter les coiffures d'ici-là. Et ce peigne aigri pour cheveu-fil démissionnait à mesure-à mesure, lâchant ses dents une à une sur le front du damné. Marielle et Paul pouvaient vaguement

115

l'utiliser, mais les autres devaient subir ses treize enfers. Et, sans jamais penser à injurier ce maudit peigne, ils maudissaient leurs propres cheveux.

Dans la bande du négrillon, on passait des heures à se brosser la crêpelure. Les manmans aimaient nous la faire tondre chez le coiffeur boiteux, une sorte d'athlète déchu, maniant la tondeuse, l'eau de Cologne et le rasoir, et qui semblait haïr tout poil nègre non naufragé dedans la peau d'un crâne. Et, sur ce cheveu razzié, il passait une vaseline amollissante puis le rabot d'une brosse triomphale. Dans l'escalier, après le massacre, nous comparions le grain de nos cheveux, et accompagnions leur repousse en les lissant durant des heures, en sorte qu'étirés, avachis, épuisés à force d'obstination, ils se mettent à onduler, à mourir presque pour ressembler à des cheveux.

O temps de vaseline et de brosses! Les femmes affrontaient le fer à défriser, et, le dimanche après-midi, la ville somnolait dans des odeurs de pommades cuites et de fritures capillaires.

Avec les pellicules, le mauvais cheveu était une maladie transmissible par le peigne. De ce fait, un peigne ne se prêtait jamais, et une brosse encore moins. Qui pouvait faire autrement que

116

partager disposait de *son* peigne et de *ses* affaires. Y toucher équivalait à la signature d'un arrêt de mort. C'était le seul moyen d'éviter l'épidémie dans une même famille, ou préserver cette famille des infections de ce pays frappé.

Anastasie la Baronne disposait pourtant de la plus belle chevelure du monde, quelque chose de luxuriant, de généreux, qui lui couvrait le crâne comme une pousse de lianes douces. Man Ninotte passait l'après-midi du dimanche à lui démêler ça en petites nattes, à les brosser, les prendre en papillotes. La Baronne souffrait le martyre et perdait de sa superbe. On la voyait lèvres serrées, parole tarie, mimer suit suit suit sans manger du piment, et transpirer sans grimper à pièce morne. Man Ninotte soupirait : *Mais qu'est-ce que je vais faire de ces cheveux, qu'est-ce que je vais faire de ces cheveux ?*, et elle repartait à l'abordage avec son peigne de corne.

Oh ma Baronne, tu avais la plus belle chevelure du monde. Le négrillon la vit souvent, au cours de soirées mystérieuses consacrées à la danse, s'habiller selon le Moyen Age français. On lui nouait à plusieurs un corset asphyxiant. Les renflements d'un jupon à ferrailles lui infligeaient des hanches de duchesse-mère sur le pont d'Avignon. Et, sur l'habit irréel, touche saisissante,

elle déployait par vague ondulante, tour-
noyante, sa chevelure de câpresse, un vertige
d'abondance aux reflets fauves de chabine
incertaine, qui ne jouait pas au vent mais qui se
jouait du vent, posée sur l'épaule dans une raideur vaporeuse et massive que rien ne semblait
pouvoir éclipser. Oh, la plus belle chevelure du
monde — et nous n'en savions rien.

La radio annonçait le cyclone. Mais Man
Ninotte en était par avance informée. Elle savait
raccorder les nuages à l'inquiétude des rats. Elle
savait décoder la transhumance de petits
insectes précipités au jour par la menace du
ciel. Cela semblait une journée de pluie, mais
qui serait d'un sombre millénaire, confusément
perçu. Personne n'expliquait rien au négrillon.
On s'activait autour de lui, sans plus répondre à
ses questions. Man Ninotte partait à la
recherche de récipients pour l'eau. Elle les stockait un peu partout, remplis à mort. S'achetait
des bougies, des allumettes. Renforçait sa
réserve de pétrole, de mèches à lampes.
S'approvisionnait en pain, sel, huile, morue
séchée, pois secs. Ramenait une viande salée.
Vérifiait sa teinture d'arnica, son éther, la hauteur de son rhum camphré ou de ses feuilles
pour blesse. De la cour, elle enlevait ses objets
les plus précieux et les montait dans le couloir.
Dans la maison, les plans de sauvegarde destinés

aux infiltrations se voyaient renforcés, et elle vérifiait la fermeture des fenêtres dont le bois travaillant nécessitait toujours une rognure à la lime. Les persiennes étaient maintenues closes avec de petits clous. Entre-temps, le jour était tombé. Le négrillon ne vit jamais de cyclone diurne. Toujours la nuit, comme pour laisser au monde le temps de s'y soumettre, aux Syriens de fermer boutique, aux rues de se vider, aux possédants d'automobiles de les serrer sur les hauts mornes. Puis, dans un silence malsain, dessous la pluie, et sous les premiers vents, on se mettait à attendre, à attendre, à attendre, à prendre de l'attendre et à en faire des lots.

Le négrillon ne savait pas très bien ce que l'on attendait. Cyclone pour lui ne voulait dire hak. Il ne comprenait pas ce tant d'immobilités sur les visages, ce si peu des guerres habituelles, cette économie de cancans dans le repas du soir, ce sommeil impossible à venir. Ses moindres mots étaient accueillis par des *Dors* et *Paix-là*. Man Ninotte allait-virait, vérifiait ce qu'elle avait déjà vérifié, s'arrêtait au bord de la radio pour s'informer des choses et des saki-pasé. Le Papa, lui, campait devant, l'oreille à la musique, et donnait l'alerte quand la voix du paroleur suspendait l'émission. On attendait. Le négrillon, pour son premier cyclone, prit som-

119

meil avant l'heure et, bien entendu, nul ne le réveilla.

A son réveil, il comprit ce que l'on avait attendu. La ville gisait défaite, frappée de boues, d'inondations et d'étrangetés. Des tôles jonchaient les rues, des arbres tombés levaient de cauchemardesques racines dans une dérive d'eau noire, des cochons blancs et des poules sans plumes et des bœufs sans cornes cherchaient sous l'hébétude un ordre posé du monde. Les devantures défoncées libéraient un vomi de naufrages. De gros fils électriques tressautaient sous les décharges de leurs propres étincelles. Posés partout : des armoires orphelines, de hauts miroirs brisés, un coffre-fort flotteur, mille tiroirs sans passés, d'énormes livres étouffés d'eau, bric-à-brac d'un panier caraïbe insensé, l'absolue mise à sac, au rapt, au vrac des poches du ciel, des cœurs et des greniers. Pardessus, la consternation criarde des premiers arrivés découvrait ce que les vieux-nègres appellent (ou plus exactement crient) : an tÿou-manman, et Césaire : un désastre.

Cyclone c'est vent aveugle. Il bouleverse les affaires des békés et mulâtres, il écorce la vie, et durant quelques jours redistribue les parts. En ville, le monde recommençait sous une mer de boue élevée haut comme ça. Les gens des sept mornes, généralement épargnés, couraient-venir trouver une chance dans les magasins éventrés. Les Syriens se mettaient à brader sans réfléchir des briques de terre provenant de leurs rouleaux de toile. Police, pompiers, gens de la politique, bougres en folie solennelle, négresses porteuses de sacs, djobeurs éperdus, chabins à quatre pattes : véritable niche de four-mis folles affairée aux survies mais demeurant attentive aux clins d'œil de l'aubaine.

Le négrillon passait les journées à la fenêtre, sui-vant des yeux Man Ninotte à travers le quartier. Elle n'était jamais plus à l'aise que dans l'apoca-lypse. S'il n'y avait plus d'eau, elle ramenait de l'eau. S'il n'y avait plus de poissons, elle brassait du poisson. Elle trouvait du pain chaud. Elle trouvait des bougies. Elle trouvait des paquets de rêves et les charriait en équilibre dessus son grand chapeau. Et surtout, elle ramenait par poignées des vêtements d'argile, des souvenirs de toiles pris dans un ciment noir, des objets perdus sous une gangue sans prénom. Cela s'empilait dans la cour dans l'attente du net-toyage. Il la voyait disparaître au bout de la rue, réapparaître à l'autre, massive et puissante sous les ailes de son chapeau, parlant fort, saluant tous, distribuant des conseils que nul ne deman-dait. Pour cette adversaire des déveines, le désastre était un vieil ami. Elle s'y démenait à peine plus que d'habitude, et nous en extrayait le meilleur. Pourtant, à l'annonce d'un cyclone, elle n'ouvrait jamais l'œil clair du malade au-devant d'un bouillon. Elle les aurait volontiers écartés. Mais, une fois cyclone passé, elle s'élançait dans la bataille comme si elle en avait été le stratège, et, soulevant chaque malheur, elle dénichait chaque chance. En ce temps-là, la nature bouleversée versait du côté de qui n'en avait pas.

Il fallait s'inquiéter des communes. Les informations arrivaient par bribes : tel endroit coupé de Dieu, telle croix sous la rivière, tel coin basculé à l'en-bas d'une falaise. Sitôt les routes rétablies, Man Ninotte s'en allait elle-même aux nouvelles de la famille. Sinon, elle restait à l'écoute des avis d'obsèques, et se rendait aux enterrements de ceux dont le cœur avait mal pris d'être ventilé, qui s'étaient noyés pour sauver leur cochon, qui s'étaient vus cisaillés par une tôle volante ou charroyés dans le suicide d'une eau folle vers la mer.

Nous perdîmes un Tonton. Il s'était envolé au-delà du ciel avec son cabri préféré. Sa concubine le vit monter avec le vent, le cabri sous le bras, l'air à peine surpris de se retrouver dans une mer qui déroulait ses vagues au-dessus des grands arbres. On ne le revit plus, sauf durant certaines pluies, quand des marchandes de charbon envahissaient le ciel et qu'il se mettait à pleuvoir non seulement de l'eau mais des nuits très anciennes. Sa concubine et ses enfants l'entendaient annoncer des destins à venir, s'inquiéter de leur santé et du reste des cabris. Il évoquait aussi souvent son coq de combat, que personne n'osait plus faire combattre et qui dépérissait comme une vieille poule dans une racine de fromager. Man Ninotte quand elle monta, essaya de lui parler, mais elle n'eut en réponse qu'un béguètement sur des glouglous de vent. Dès lors, nul ne le comprit plus.

On fit venir un parleur-à-zombis, un de ces nègres à cheval sur un jour et une nuit. Le bougre vint en dormant aux abords de la case, lors d'une de ces pluies dont on a dit les titres. Dans son sommeil, il se mit à parler au Tonton. Il lui parla dans un lointain créole, et dans un vieux français, et dans un lot de langues qui traînaient dans la Caraïbe depuis un temps où le monde était simple. Et le Tonton lui répondait avec son béguètement de cabri et de vent souterrain. A son réveil, le parleur-à-zombis révéla qu'il n'avait rien compris à ce charabia céleste et qu'il n'y avait rien à en tirer, car il est vrai madame qu'emporté par un cyclone on se retrouvait tourbillonnant du cerveau dans un quelque part pour le moins jamais clair. Le Tonton allait errer comme ça durant trois quarts d'éternité plus un nombre d'heures égal à celui des poils du cabri auquel son âme était désormais liée — leur confia-t-il en s'enfuyant.

La boue s'incrustait dans la ville durant une charge de mois. Les éboueurs en avaient emporté le plus gros, les pompiers avaient chassé le reste sous les jets de leurs eaux. Subsistait une pellicule invincible : seule la vie quotidienne pourrait espérer la dissoudre. Pour le négrillon, il y avait là un phénomène étrange : un vent vient et inonde, un souffle passe et crève en boue noire. Une ville meurt pour émerger neuve d'une momification sale. L'abondance germe du malheur : on trouvait dans la colle des rues, soixante-douze illusions et les autres rêves qui ne s'envolaient plus.

L'après-cyclone rassemblait les enfants. L'école était noyée. On pouvait prendre sommeil tard. Les grandes personnes, affairées aux nettoyages, leur accordaient un petit brin d'oubli. La bande de la maison remplissait le couloir de ses jeux. Alors, intervenait parfois Jeanne-Yvette. Elle venait d'on ne sait où, et logeait parfois dans la famille de Man Sirène. Une jeune fille maigre oui, rieuse, féroce, aimable et douce en montant. Elle nous ramenait de la campagne des contes créoles inconnus dans les nuits de Fort-de-France. Les conteurs de ville étaient rares. En tout cas, le négrillon n'en avait jamais vu. Il rencontra le conte créole avec Jeanne-Yvette, une vraie conteuse, c'est-à-dire une mémoire impossible et une cruauté sans égale. Elle vous épouvantait à l'extrême avec deux mots, une suggestion, une chanson sans grand sens. Elle maniait des silences, des langages. Elle éclaboussait la mort avec du rire, cueillait ce rire d'un seul effroi. Elle nous menait au rythme des rafales de sa langue, nous faisant accroire n'importe quoi. Nous guettions Manman Dlo dans l'ombre de l'escalier. Nous prenions-courir à l'odeur d'un zombi qu'elle reniflait. Elle nous forçait à nous déshabiller au moment d'évoquer quelque diablesse détestant les vêtements. Elle apprit au négrillon l'étonnante richesse de l'oralité créole. Un univers de résistances débrouillardes, de méchancetés salvatrices, riche de plusieurs génies. Jeanne-Yvette nous venait des mémoires caraïbes, du grouillement de l'Afrique, des diversités d'Europe, du foisonnement de l'Inde, des tremblements d'Asie..., du vaste toucher des peuples dans le prisme des îles ouvertes, lieux-dits de la Créolité.

Son personnage préféré était Manman Dlo, une divinité de l'eau qui forçait au respect des rivières ou de la mer. Elle emportait les enfants aventurés près des cascades à l'insu des parents. Jeanne-Yvette nous l'évoquait sans la décrire. Elle insistait sur une chevelure indéfinissable lissée sans cesse sous un beau peigne, avec des gestes nimbés de grâce. Voir Manman Dlo, c'était sombrer sous son charme mener-venir de créature sans cœur. Elle ne vous attirait que pour des méchancetés dont Jeanne-Yvette enseignait la parade. *O savante!...* Elle savait quoi faire contre les enfants si détestables de madame Banse, réagir aux claudications du cheval à trois pattes, à la mauvaise main d'un cercueil un peu trop familier, à l'ombre suiveuse d'un fromager. Elle connaissait la vertu du sel quand la peau d'un engagé luisait aux branches d'un acacia soumis. Elle nous apprit l'orange sûre pour calmer les diablesses et le geste qui désigne les crapauds pas vraiment catholiques. Elle nous révéla les victoires de la ruse, de la vicerie, de la patience, du coup de cerveau frappé au moment pile. Il ne servait à rien, disait-elle en secret, d'aller à grande gorge mais au murmure. Deux doigts valaient souvent le poing. Aller tout droit n'était pas le meilleur moyen d'arriver aux endroits, et si les Tracées tournoyaient dans les bois, il fallait savoir tournoyer avec elles : était perdu l'emprunteur des routes droites que les békés-usiniers avaient déroulées pour eux-mêmes à travers le pays. Y marcher c'était les servir eux. Il fallait prendre

126

les Tracées, gribouiller leur ordre d'une déraison marronne. Jeanne-Yvette nous enseigna une vie de sa méthode opaque. Elle permit au négrillon de pressentir en fait l'impénétrable stratégie de force de Man Ninotte et des manmans de ville.

Un certain logeait à l'autre bout du couloir. Il lui était difficile de quitter le cercle des contes pour regagner chez lui : il fallait affronter une ombre que Jeanne-Yvette avait dentelée d'effroi. Cette cruelle terminait toujours d'une mauvaise manière : quelque soucougnan, révélait-elle, se serrait au bout de l'escalier, il l'avait suivie pour évaluer ses mensonges et son respect des rites, elle sentait son musc de goyave amère sourdre de la treizième marche. Jeanne-Yvette savait le terrasser d'un seul crié créole, donc elle ne le craignait pas, mais malheur à qui ne savait rien du mot. Le traverseur du couloir implorait cette parole qui lui permettrait de demeurer vivant. *Il faut savoir*, triomphait Jeanne-Yvette, *vivre avec la vie, bandes de morpions des villes qui ne savez rien du monde! Montez apprendre chez moi à la campagne, sacrés couillons...* Le traverseur devait alors survoler d'un coup d'aile les dix mètres du couloir transformé en abîme.

SORTIR

SIRÈNE DE MIDI : Ninotte s'arrête et s'assied. Le Papa surgit. Un soiffeur arrive. Le négrillon doit foncer au bar Chérinotte quérir un bout de glace, une bouteille de Didier. D'autres fois, il lui faut courir jusqu'à l'épicerie et ramener une musse de rhum. La ville s'alentit un rien. Dans les rues, s'obstinent les excités seuls, ou les adversaires d'un malheur qui n'autorise pas de pied levé. C'est l'heure du punch, le négrillon court, il n'a pas d'ombre.

Le mangot vert
torturé jusqu'à la crème fondante
de son caca-pigeon
si l'agape est sacrée le mangot l'est aussi
et la saison sans même parler

Il est heureux car il commence à sortir dans la ville. Il l'avait observée depuis les fenêtres. Fort-de-France, c'était pour lui la rue des Syriens.

Une rue interminable : elle rejoignait la mer en montant d'un côté, et la place de la Croix-Mission en descendant de l'autre. C'était la plus passante, la plus achalandée, un axe central inévitable. Flanquée du marché aux légumes à hauteur de son centre, elle portait le marché aux poissons comme clochette d'un de ses bouts. L'abattoir n'était pas loin, ni les entrepôts békés où les épiceries de commune venaient aux provisions. Tout passait donc par là, et la ville était là.

Le négrillon connaissait le moindre de ses rythmes. A l'aube, son soleil crème, sa lumière cœur-coco, ses pauvres chiens nocturnes sous les barreaux du jour. Éperdus sur une urgence sans fin, deux-trois persécutés n'arpentent qu'un mètre à peine. Le camion blanc livre ses barres de glaces. Les Syriens détenaient le commerce de toiles, de chaussures, de casseroles et de cirés. Arrivés de bien bonne heure, ils tenaient langages à l'angle d'une rue sur des questions de guerres dans le Proche-Orient, et dénouaient leurs rideaux métalliques quand leurs vendeuses apparaissaient. Le bruit des rideaux qui remontent est le chant premier de la ville, hésitant au début, puis continu, enfin brutal comme ressort rétracté. Cela sonorisait la rue à des heures différentes, selon que le Syrien avait ouvert complètement ou pas. Car les ven-

deuses se mettaient avant toute chose à propre-
ter le pas de porte. Un rite immuable de javel,
crésyl, brosse, volées d'eau. Le négrillon eut du
mal à comprendre cette cérémonie. Les Syriens
avaient soit cimenté, soit carrelé, soit peint le
bout de trottoir devant leur magasin. Leurs
entrées — comparées aux restants défoncés de
ciment et de boue — semblaient de fixes éclats.
Pourtant, ils les faisaient longuement récurer.
Le négrillon devait retrouver ce rituel créole au
marché aux légumes, et admettre qu'au-delà du
souci de propreté, existait celui de déchouker le
maléfice possiblement planté de nuit par quelque nègre maudit.

Beauté d'aube : odeur de la javel, du crésyl, trottoirs mouillés, gens rares, lumière, silence
défaillant dessous la vie qui lève. Il n'y a pas
encore de ville, simplement un quartier, notre
quartier. Ceux qui l'habitent sont dans la rue,
mouillent les fleurs de balcons, se donnent les
bonjours et s'échangent les milans. Man
Ninotte, levée avant son coq, est déjà à pied
d'œuvre, visitant les Syriens, portant la blague
vers ses amies vendeuses. Elle profitait de ce
moment privilégié pour marchander ou obtenir
telle chemisette dont elle avait besoin, telle
nappe d'utilité, ou tel coupon de rêve. Chaque
jour, elle ramenait deux-trois mètres d'une toile
de qualités diverses qu'elle cousait durant ses

dimanches et chacune de ses après-midi. Elle réalisait à la machine les modèles repérés par la Baronne sur des journaux de mode. Cette dernière aussi, vite initiée à la couture, travaillait ces toiles pour entrer en élégance et faire baver Marielle qui pourtant ne daigna jamais toucher à une aiguille.

La capsule
aplatie
effilée
sonnait le fil et tranchait raide
pouce fendu
doigts bandés
saison-yoyo de combats bels

Le négrillon suit Man Ninotte de loin. Elle ne s'en doute même pas. Il la suit d'un regard-cacarelle. Il la voit aller, venir, entrer, disparaître, sortir, être reine de la rue. On l'appelle, on veut la voir. On espère du poisson des pêcheurs qu'elle connaît. On soupire sur des légumes de saison qu'elle seule sait obtenir à prix terrestres auprès des revendeuses. Elle va, vient, monte et descend. La rue émerge des rêves. Les bâchées des communes entament l'embouteillage des abords de marchés. Les djobeurs à brouettes hèlent sous des paniers de légumes frais d'où s'exhalent les vapeurs sucrées ou acides de leur terre. Trente-douze

134

marchandes galopent, tétés battant l'angélus. Elles sont en peur d'un retard susceptible de leur coûter un bien bel emplacement. La marmaille lycéenne monte, celle des collèges descend. Un facteur distribue des amours et des peines. Les fonctionnaires sont lâchés. Soudain, la rue est étouffée, bruyante, poussiéreuse. On klaxonne, on crie, on hurle, on rit. Les gens de la campagne braillent haut et piètent au mitan de la rue qu'ils croient être encore une tracée de boue. Les nègres-chauffeurs doivent leur quémander passage ou bien les menacer.

Le négrillon voyait de haut la marée indistincte. Il se laissait emprisonner par ses odeurs, ses sons, ses rouges, ses jaunes, ses verts. D'autres fois, il sélectionnait une madame à panier, suivait son périple depuis le haut de la rue, ses hésitations aux croisées, ses entrées dans tel magasin. Le Syrien fondait alors sur elle, un sirop à la lèvre. Il lui tapait sur l'épaule, lui couvrait la poitrine d'un tissu afin de s'émouvoir d'un éclat conféré à son teint. Il l'engluait comme une proie jusqu'à ce qu'elle développe une monnaie et se gagne n'importe quoi. Le négrillon croyait revivre son âge des araignées. Entrer chez les Syriens était dangereux en ce temps-là. Ils jouaient sur plusieurs langues, le créole pour la proximité, le français pour assener les prix, leur langue d'origine pour simuler

135

une idiotie quand le client avait du coffre. Ils connaissaient le fonctionnement des gens de la campagne, les couleurs qu'elles aimaient, leur souci de vivre l'époque du nylon, du tergal, leur penchant pour les dorures, leur amour de la dentelle et des nappes, leur cœur-faible pour la scène d'*Angélus* de Millet... Postés au-devant de leur boutique, ils les ferraient à tour de rôle sur de récentes merveilles. Les vendeuses n'intervenaient que pour livrer. Celles-là ne savaient rien du commerce. Elles posaient une figure de procès-verbal sur chaque client, se moquaient bien qu'ils entrent ou qu'ils s'en aillent, et pour tout accueil grinçaient l'ennui d'un *C'est quoi, han ?* Un Syrien hors de son magasin perdait sa journée. Il devait demeurer à l'affût lui-même, poser lui-même l'appât, ferrer lui-même et, lui-même, porter l'estocade du prix.

Quand la journée s'avançait mal, le négrillon les voyait changer de stratégie, ramener en avant telle couleur de tissu, étager carrément au milieu du trottoir d'affolantes casseroles, dérouler le nylon, l'agiter en extase, chevroter *à la mode de Paris, à la mode de Paris...* — et flap..., le magasin délaissé se voyait couvert comme un bobo par des yen-yen. Les clients attirant les clients, un attroupement se formait, se défaisait, se reformait plus loin au rythme infernal des malices syriennes. Vers le milieu de la matinée, ils s'arrêtaient pour grignoter un oignon bouilli ou un sandwich de morue pimentée. Les plus proches se retrouvaient sur leur trottoir commun, prenaient paroles auprès de leur magasin, l'œil vrillé sur le flot des gens de la campagne, cherchant encore dedans la touffe crédule ceux dont l'épaisseur d'un porte-monnaie glorifiait le regard.

Letchi
c'était une pipe vernie
au lustre incomparable
sa saison rare portait coton à boire
à des vieillards sans beaucoup d'âge

Les Syriens tombaient parfois sur des compères lapin. Ces derniers avaient l'air de têbê dégarés du bois le plus lointain. Ils se composaient un masque d'imbécillité et, dans cette nasse ouverte, le Syrien se retrouvait piégé comme une tache de poissons rouges quand la lune est oblique. En voici la façon.

Le bougre laissait parler le Syrien, le laissait s'extasier, flatter, s'émerveiller. Il semblait disponible pour mille ans, allait voir où on voulait, regardait ce qu'on lui montrait, bavait à l'extrême quand il fallait baver. Le Syrien ravi y passait beaucoup de temps. Puis, soudain, l'autre feignait de partir sans rien acheter. Le

Syrien (épouvanté d'avoir perdu son heure) se mettait à transpirer, prêt à vendre n'importe quoi et à n'importe quel prix. Mais l'autre, maintenant fermé comme un soudon, semblait n'avoir besoin de rien et dérivait vers la sortie. Sur le pas du magasin, il se ravisait juste, saisi de bienveillance, et, avec l'air de vouloir faire plaisir, marchandait tel produit sur lequel il était rare que le Syrien résiste un lot de temps. Son achat effectué, le compère lapin s'en allait sans même sourire de sa victoire, et pénétrait l'air abruti, dans un autre magasin. Sa prochaine victime, le voyant porteur d'un sachet, lui supposait les poches pleines et se lançait dans un accueil enthousiaste que notre homme subissait, plus placide et docile qu'un coco sous la pluie.

Avec Man Ninotte, les Syriens ne discutent jamais. Ils lui font un bon prix ou lui offrent ce qu'elle veut. Ils ont généralement bon cœur, mais, de plus, elle leur en impose : tellement énergique, tellement forte, tellement utile à tant de choses. Elle connaît tellement de gens qu'elle les fascine. Les Syriens étaient très attentifs des us créoles. Ils observaient les gens du pays comme on regarde l'énigme d'une caïmite hors saison. Nous comprendre était leur souci. Ils y parvenaient bien. Se rapprocher de Man Ninotte participait d'une stratégie de conquête du pays qu'ils ne menèrent jamais à bien : leurs enfants devenant créoles comme nous-mêmes, avec les mêmes valeurs, se détournèrent des étalages pour des affaires de médecine, de belles-lettres et de droit. Ceux qui reprirent les magasins avaient été coincés quelque part dans la vie et entraient au commerce comme on reste chez manman. A mesure-à mesure, les Syriens perdirent de leur puissance.

Sous la montée d'une angoisse, le négrillon dut suivre Man Ninotte plus d'une fois. Sans qu'elle s'en aperçoive, se précipiter dans l'escalier, s'engager dans la rue, la pister à quelques mètres, serré derrière les gens ou les volets ouverts. La haute confidente le prétend : plus d'une fois, ses marchandes lui signalèrent une petite ombre inquiète qui ne la quittait pas des yeux, coulait dans son sillage, s'arrêtait avec elle. La première fois, elle dut aller le rejoindre en grondant, soucieuse qu'il ne se perde, puis, les autres fois, ce dut être en riant. Bientôt, il put l'accompagner dans ses heures de marché, dans ses batailles pour le poisson à l'en-bas du canal, à son comptoir d'épicerie pour le rhum, l'huile, le sel, le poivre.

La mandarine
offre l'arme de sa pelure
c'est alarme de paupières
yeux coulés l'ennemi pleure

et les doigts méchants sont noyés de parfum

Man Ninotte connaissait le marché. Mieux que quiconque, elle en savait les lois. Le négrillon sur ses talons la vit œuvrer : aborder les marchandes, s'initier aux nouvelles, évaluer les produits et surtout marchander. Elle ne disait pas *Combien ça coûte* comme les touristes ou les gens nés en ville, mais entrait d'abord en sentiment. Elle prenait des nouvelles de la marchande. Celle-ci, la sentant venir, se nouait à tout hasard une méfiance aux sourcils. Mais Man Ninotte, chaleureuse, s'inquiétait de ses enfants, de son homme, de ses allocations, de ci, de çà, et coupait cette approche en lui trouvant bien bonne mine ces temps-ci. Soudain elle découvrait le panier. Extase générale, puis, insensiblement, elle ramenait son filet. Les tomates (qui ne l'intéressaient pas) étaient belles-belles-belles, elle leur développait sept bontés de paroles. La marchande renchérissait et, déjà piégée, donnait ses prix (le plus souvent atroces). Man Ninotte soupirait bien vouloir en manger (*oh la la la ta dachine n'est pas très vaillante aujourd'hui*) mais que sa santé ne le lui permet pas, une affaire de vertiges, et puis c'est tellement cher, mais ça mérite d'être cher. Durant l'éloge des tomates, elle choisissait parmi les dachines, soi-disant pas vaillantes, une merveille toute pure, puis déroulait sa manœuvre en douceur :

140

Man Ninotte
On m'a dit que les tomates farcies sont péché-
doigt-coupé cette année...

La marchande
On m'a dit ça aussi.
Si tu veux un kilo je peux te faire tel prix...

Man Ninotte
Tu crois, han?

La marchande
Je crois, oui...

Man Ninotte
Est-ce que j'aurais le temps de cuire ça
aujourd'hui?

La marchande
Depuis qu'on n'est pas mort,
on a le temps...

Man Ninotte
C'est bête, hein ça...
Tes dachines sont mal venues...

La marchande
Prends une livre dans la tomate, doudou...

141

Man Ninotte
Tu en auras demain ?
Si tu es là demain, je vais prendre deux kilos...

La marchande
Demain, c'est un autre pays...

Man Ninotte
Ah la la les dachines ne sont pas en saison
cette année, elles ne donnent même pas
une envie de manger...

La marchande
Qu'est-ce que tu me dis pour les tomates ?

Man Ninotte
Je t'ai dit demain-si-dieu-veut.
Comme tu es ma cocotte, je vais te faire
vendre quand même aujourd'hui...
Je sais comment la vie est raide...

La marchande
Ah, quand on est déchirée...

Man Ninotte
Donne-moi cette espèce de dachine-là,
chérie...
Je vais essayer quand même de la manger...

La marchande
C'est tant...

Man Ninotte
C'est pour la tomate?

La marchande
Pour la dachine, oui.

Man Ninotte
Eh bien, je ne vais pas manger de dachine
non plus, ma chère...

La marchande
Combien tu veux ta dachine?

Man Ninotte
Je vais essayer plutôt de faire une salade
de christophines.
Où c'est que je peux trouver ça?

La marchande
Prends la dachine, ma douce.

Man Ninotte
An-an, j'ai plus besoin...

La marchande
Fais-moi plaisir sur la dachine, petit sirop...

Man Ninotte
Fais ton prix, ma doudou...

143

Et la marchande lui faisait un prix si bas que Man Ninotte du coup raflait plus d'une dachine.

Pour le poisson, c'était différent. On ne marchande pas avec un pêcheur. Il n'en a jamais assez et connaît un embarras de clients. De plus, un pêcheur ne vend qu'à ses amitiés, il a ses personnes auxquelles ad-æternam il demeure fidèle. Man Ninotte faisait partie des gens de trois ou quatre pêcheurs. Elle leur rendait service à la rentrée des classes en leur trouvant des chaussures pour leur tralée d'enfants. En belle diplomatie, elle savait leur offrir des bouts de nylon reçus d'un Syrien débiteur d'autres services. Ainsi, elle avait du poisson à son gré. Les pêcheurs, connaissant ses goûts, les lui mettaient de côté dès l'émergence de sa silhouette massive derrière la meute à l'assaut de leur yole.

Les pêcheurs revenaient des lointains de Miquelon à onze heures. Ils remontaient le canal Levassor et s'ancraient à hauteur du marché aux poissons. Les amateurs, les revendeuses, les couvraient, denses comme des mouches informées d'un sirop. Man Ninotte, elle, arrivait bien tranquille, et se signalait au pêcheur accosté : Eh bien, Maître un tel, je suis bien contente de te voir... Le pêcheur lui répondait à peine mais, d'un geste naturel, saisissait un coui et lui en mettait autant que possible : poissons rouges souvent, coulirous obligés, deux trois lambis s'il te plaît, petits thons au nom de Dieu, et un exemplaire de chaque aubaine de sa journée. Par-dessus le bankoulélé, il tendait le tout vers Man Ninotte qui ouvrait son panier. Elle ne payait pas sur place. Les pêcheurs passaient au cours de la semaine et lui dressaient les comptes à l'heure du punch. Elle les réglait en sous mais aussi en napperons et autres trésoreries de chez les Syriens.

Des six ou sept kilos-poissons ramenés ainsi chaque jour, Man Ninotte s'en gardait juste assez. Elle revendait le reste à ses amies, ses commères marchandes et à ses Syriens. Notre rue la voyait arriver comme on voit la Madone. Le cercle était ainsi bouclé. Man Ninotte s'en sortait bien. Le seul ennui, c'est que chaque jour était jour de poisson, et chaque soir, soir de poissons frits. La chair d'une poule n'apparaissait que le dimanche, celle du bœuf une fois par mois, et encore : si les temps étaient bons. Aujourd'hui, l'homme qui a tant donné supporte malement dans son assiette les produits de la mer. La haute confidente en est malade : le poisson pour elle est une merveille sur laquelle nulle bouche ne peut se fatiguer, ni même jamais ne doit. *Mange du poisson, mon fils!...*

Vers treize heures, ses pêcheurs passaient la voir pour le punch, le milan, ou un service de toile. Et ils lui portaient ce qu'ils ne parvenaient jamais à vendre : poissons-coffres, homards, langoustes, requins noirs, poissons armés, gros crabes, toutes bizarreries négligées par les nègres de ville mais que Man Ninotte accommodait au meilleur du bonheur. Les pêcheurs lui offraient aussi des perles de lambis, une enchantée digne d'un signe de croix. Elle s'en fabriquait des bijoux d'oreilles ou des broches. Les bijoutiers, exécutant ses désirs, en perdaient le sommeil. La perle de lambi est rose comme un soleil qui tombe, elle est irrégulière, et satinée. Toujours elle semble pensive. Manman Dlo — dit-on — en porte dans ses cheveux, et les Caraïbes s'en allaient avec elles dans la tombe. Man Ninotte serrait son surplus dans des touffes de coton. Elle les sortait aux incrédules, quand le Papa, dissertant de la mer en compagnie de ses soiffeurs, surprenait son monde en déclarant soudain : *Mais savez-vous qu'il existe dans le lambi la rareté sans pareille d'une larme nacrée? Ninotte, chère Gros-Kato, transportez-nous la chose...* Et voir ces perles les précipitait dans de mélancoliques soifs.

Racler la chair en bouche
jusqu'à la dent glacée
et avec la graine chauve
vivre l'infini du rond
O la saison des quénettes se vivait
comme un jeu

Sortir seul fut pour les commissions. La catastrophe d'une huile qui manque. Le sel qui
s'épuise sans annonce. Une commère de passage, à honorer des douceurs d'un soda ou
d'une eau de Didier. Le négrillon dut aller au
bar, puis à l'épicerie, puis au libre-service. Man
Ninotte disposait dans chacun de ses lieux d'un
carnet de crédit. On y notait ses achats et elle
était censée payer en fin de mois. En fait, elle
versait quelques sous au gré de ses avoirs, soldait
lors du possible, ou vantait la patience quand le
carnet frôlait de vertigineuses cimes. Le carnet
était d'ailleurs une des conversations graves
qu'elle tenait le soir en murmure avec le Papa.

Au bar, il ne traînait jamais. La tenancière ne
supportait pas de présence enfantine dans cet
antre de rhumiers. Ils y braillaient des choses
tellement terribles! Le négrillon les devinait
attablés dans la pénombre, tissant d'inouïes
conversations en créole et en français, maudis-
sant la serveuse qui surveillait les hauteurs de
leur punch. Le négrillon demandait sa bouteille

de Didier, son morceau de glace et repartait d'un air très sage mais chaque antenne ouverte à toute.

L'épicerie par contre fut un lieu de stationnement. Il y piétait le plus longtemps possible. Une vieille madame hantait le comptoir grillagé, au centre des rayonnages. Régnait une odeur qui savait toutes les odeurs, avec des remugles d'arrivage de morue ou bien de viande salée venant juste d'être servie. Tout s'y vendait par miettes. Manman a dit d'envoyer pour elle deux rondelles-saucisson. Manman a dit de peser pour elle une cuillerée-farine. Manman a dit de lui donner un quart de livre de haricots, et trois cuillerées de riz, et une musse de rhum, et une roquille de pétrole. Quand la liste était trop longue Man Ninotte lui fournissait un papier griffonné. Il était incapable de le déchiffrer et cela l'angoissait, car la tenancière pas très riche en vitamines d'yeux, se penchait pour lui grincer souvent *Qu'est-ce qu'elle a écrit là, c'est du rhum ou du pétrole ?* Il répondait alors ce qui lui passait par la tête, histoire de ne pas sembler aussi analphabète qu'il l'était pour de bon.

Coqs de flamboyants
accrocs des têtes
repérer la faiblesse
savoir crocheter l'autre sans se décapiter

148

précis combat de fleurs
le seul qui nomme la saison belle d'un
arbre
sa sensible complice

Véritable monde que l'épicerie créole. Un
capharnaüm influencé sans doute par la pratique des immigrants chinois. Sitôt que ces derniers eurent fui le travail de la canne dans les
champs de békés, ils ouvrirent des boutiques un
peu partout dans le pays, vendant de tout
n'importe comment, à n'importe quel poids et
dans n'importe quelle taille. Dans ces périodes
de poches crevées, ce fut un coup génial. Les
petites épiceries de rue à Fort-de-France sui-
virent le même principe. Sur les étagères du
haut s'alignaient les curiosités commandées en
de rares occasions : Noilly Prat, Vermouth,
Whisky. Ensuite venaient les étagères du vin.
Elles portaient de longues bouteilles d'un vin
quelconque, couvertes d'une poussière
d'ancien temps et qui semblaient n'intéresser
personne. Dessous, s'étageaient les boîtes de
conserve (sardines, saucisses, lentilles, cassoulet,
beurre salé, margarine ou beurre-rouge). Les
grosses bombes d'un saindoux vendu par
louches de bois pesées achevaient la cloison.
Autour du comptoir, posés par terre, les sacs
(du-riz, haricots secs, farine-france) et les ton-
neaux (viande salée, huile, pétrole, rhum) sur

lesquels le plus souvent se branchait une pompe. Au plafond balançaient les tue-mouches, les saucissons, les nattes d'ail et l'herbage sec. Sur le comptoir lui-même, on trouvait le papier, la balance, les bris de chocolat, les rognures de savon, les poids, les mesures à liquide, les bassines d'oignons-france, l'empilement du pain, rassis par là, du pain frais par ici, les bottes d'oignons-pays, les bocaux d'épices sèches. La place manquant, tout s'entassait sur tout jusqu'à l'indescriptible.

Le négrillon y stationne le plus longtemps possible, laisse passer d'autres clients, observe la cérémonie de ce bout de ville. Derrière son comptoir grillagé, juste sous une ampoule électrique qui lui délave la mine, la boutiquière semble une fougère épiphyte. Elle est lente, accueille mollement, parle avec des mots rares. Son œil ne vit qu'au moment du délicat passage des poids sur la balance : *Est-ce que ça te va comme ça, madame une telle ?* Les clientes n'achètent que ce qu'elles sont venues chercher. La boutiquière, contrairement aux Syriens, laisse découvrir ses rares nouveautés, ne propose rien, ne signale rien. Son seul credo : *Qu'est-ce-tu veux ? et si tu ne sais pas, reviens me voir quand tu sauras...*

La parole sur elle disait ceci : Elle avait été mariée sans le savoir à un quimboiseur, une sorte de nègre plein d'un argent qui ne provenait pas d'un travail-transpirant mais d'un commerce avec des choses de minuit. Ils vécurent sur les hauteurs de Balata dans une maison à sept cabinets, vingt-deux fenêtres et un parétonnerre. Un jour, c'est-à-dire durant une nuit spéciale, elle se réveilla et ne le découvrit pas à ses côtés. Elle le chercha dessous le lit. Elle le chercha dedans la cave. Elle le chercha dans la cuisine. Elle le chercha dans le salon. Elle le chercha à l'en-bas des meubles d'acajou qui luisaient comme des crépuscules et dans chacune des chambres d'amis, pleines de fleurs ouvertes sur l'ombre. Elle le chercha dans le grenier et dans le jardin touffu d'orchidées nourries du vent des treizièmes jours. Elle ne le trouva qu'avant l'aube, dans ce qui lui servait de bureau, ou plutôt elle retrouva ce qu'il avait laissé, une sorte d'épaisse toile-sac, mollasse, tiède, qui tressaillait toute seule en luisant comme un œil de noyé : sa peau, oui.

La parole sur elle poursuivait ainsi : Par malchance, et sans doute par manque d'imagination, elle n'établit pas de rapport entre cette horreur et son mari. Elle s'en saisit en gueulant-à-moi, l'emporta dans la cour et, croyant avoir surpris un quimbois envoyé dans sa maison, l'enflamma aussi sec. La chose brûla durant six mois, dans une odeur de carapace de tortue et d'huile camphrée. Son mari, lui, reparut six jours plus tard et, bien entendu, chercha en vain sa peau. Réveillée de nuit, elle le vit dansant avec des gestes de désespoir autour du feu sans fin. Elle le reconnut non à la ressemblance (il ne ressemblait à rien qui puisse être reconnu) mais à une intuition, une vapeur d'âme aimante qui lui souffla : c'est lui, oui.

Sans réfléchir (car il est rare qu'on réfléchisse dans ces cas-là, dit la parole finissante), elle se précipita dans le jardin pour se jeter dans ses bras, et se jeta dans les bras d'une chose souffrante, sentant la cannelle infernale, qui la maudit treize fois. On dut la refaire à l'hôpital Colson, lui mettre une nouvelle mémoire, quinze souvenirs à développer, deux sentiments pour que son cœur puisse battre, et d'autres espèces de goûts. De plus, on lui ordonna à vie un petit cachet rose qu'elle ingurgitait chaque samedi avec du lait de cabri. Elle échoua à Fort-de-France et ouvrit sa boutique grâce au reste d'argent retrouvé dans un tiroir, juste avant que la maison ne se mette à grincer, à s'élever au-dessus du sol, à s'envoyer des pluies de pierres, à promener des chiens blancs dans les couloirs et des crapauds pensifs sur les rideaux, sans même parler de cette glue fétide qui suintait des cloisons autour des crucifix. C'est sans doute pour cela qu'elle eut du mal à la vendre, et que cette maison reste là-haut toute seule, sans arbres et sans oiseaux, sans araignées et sans fourmis, riche de ses meubles qui ne pourrissent pas et qu'aucun voleur n'envie à aucune heure.

Aujourd'hui, la boutiquière semble avoir tout oublié excepté ses cachets roses et cette tristesse qui l'emporte quand un pêcheur brûle une écaille de tortue près du marché aux poissons. Voilà ce qu'on dit, mais vaut mieux pas le répéter : les gens sont un peu mal-parlants et ils pourraient y ajouter des détails dont l'évocation n'obtient pas grâce en confession.

Parfois, la boutiquière signalait au négrillon *Dis à ta manman que j'ai besoin de la voir,* façon de dire que le carnet avait pris des lourdeurs. Mais elle ne refusait jamais de le servir, même lorsqu'elle lui disait d'un ton piment *Eh bien, on dirait que ta manman est partie pour France ces jours-ci, je ne la vois même pas dans les brumes d'horizon...* Ce à quoi le négrillon répondait, sur instructions de Man Ninotte :

— Manman va venir porter ta commission pour toi...

— Demande-lui en quel siècle, et si ça sera pendant l'année-cannelle...

Année-cannelle veut dire : jamais, lui expliquait

153

Man Ninotte, plus soucieuse qu'une mandarine attardée dans la sécheresse de février...

Le plus dur était de rapporter une commission. *Va dire à la madame qu'il n'y a pas une roquille. Hon-hon c'est pas ça que je voulais, y'a trop, y'a pas assez, c'est pas frais, regarde il y a un caca-de-rat dedans...* Le négrillon emportait la marchandise incriminée. Son cerveau en souci cherchait un moyen diplomatique d'expliquer ce renvoi à l'épicière, d'autant qu'il y avait toujours, en suspens, un carnet de crédit plus ou moins épongé. Il avait résolu la difficulté d'approche par l'expression générique de *Manman a dit qu'il y a un problème*... L'épicière alors ne faisait pas de gros saut. Penchée vers son grillage, elle demandait simplement *Quelle qualité de problème han?* Alors, lui, entrait dans les détails de la protestation de Man Ninotte. Cela pouvait donner ça :
— Elle a dit qu'il y a quelque chose dans les lentilles?
— Quelle chose han?
— J'ai pas bien compris.
— Comment tu n'as pas compris? Dans mes lentilles y'a que des lentilles, non?!
— Oui, oui, c'est ça qu'est bizarre.
— Quoi bizarre?
— Y'a que des lentilles plus une lentille qui n'est pas une lentille...

— Tu veux dire qu'il y a quelque chose dans mes lentilles?

— J'ai pas dit ça, non...

— Tu as dit quoi là?

— Ce que manman a dit...

— Laisse-moi voir.

Et elle découvrait elle-même le caca-de-rat, le ravet mort, les petites roches trop nombreuses, bougonnait une malédiction, se signait deux fois et changeait sans plus insister son lamentable produit.

Autre possibilité :

— Y'a un problème, manman a dit.

— Quelle qualité?

— Je ne sais pas.

— Eh bien, retourne lui demander.

— Elle m'a déjà dit.

— Elle t'a dit quoi?

— Un problème comme tel quelque chose ne serait pas quelque chose.

— Il faudrait laver tes oreilles, non?

— Ah oui!... C'est du pétrole que tu as donné?

— C'est du pétrole que tu m'as demandé.

— C'est drôle parce que Manman dit qu'elle n'a jamais demandé de pétrole à personne...

— Et toi, tu m'as demandé quoi?

— Je sais pas.

— Tu sais pas? C'est une fête que tu veux faire avec moi?

— Je t'ai demandé une roquille...

— Une roquille de quoi han?
— De ce que Manman t'a demandé...
— Et elle a demandé quoi?
— Une roquille...
— Une roquille de quoi?
— De ce qu'elle voulait...
— Et elle voulait quoi?
— C'est du pétrole que tu as donné, toi?
— J'ai donné, j'ai donné, oui j'ai donné du pétrole...
— Hébin, c'est ça le problème...

De guerre lasse, elle changeait le pétrole et lui mesurait dans une autre bouteille une roquille de rhum. Lui s'en allait en sept vitesses, dieu prié pour qu'il n'ait pas à y revenir de sitôt.

Pomme-cannelle
la graine descellée
vient et livre un peu du cœur
de graine en graine
on lui mange son âme de pommelle disjointe
de quel amour brisée?

Le libre-service était d'un autre monde. Il devait remettre le papier de Man Ninotte à la caisse où se trouvait une dame sans nom et sans histoire. Les premiers temps furent agréables : *Eh bien, c'est toi le petit dernier de Man Ninotte, fiche que tu lui ressembles hébin, qu'est-ce que tu veux, mon piti...* Puis ce fut plus rapide, plus indifférent, et surtout plus impitoyable quand le carnet prenait un rien de poids : *Va dire à Man Ninotte de venir chercher ça elle-même, j'ai besoin de la voir...* Parfois, Man Ninotte ignorait le message, d'autres fois, elle s'y rendait d'un pas décidé, un peu rageur. Le négrillon aurait donné mille promenades pour en savoir la suite. Il la voyait revenir, chargée de ses commissions, plus tranquille que si rien n'eût jamais été dit.

A mesure, le négrillon devint circonspect : *Tu as déjà payé le carnet ?* Man Ninotte lui demandait en créole s'il était dans la police, s'il faisait des enquêtes sociales, elle lui indiquait les places disponibles aux douanes, lui conseillait d'attendre un peu plus de hauteur pour poser des questions, et de disparaître-faire les commissions demandées avant qu'elle ne s'énerve. Cette réaction épouvantait davantage le négrillon. Elle signifiait qu'il lui faudrait affronter un retard des carnets. Car lorsque tout était net, Man Ninotte répondait *Oui, mon cher,* et souriait à son petit dernier, crasse ultime de ses boyaux.

Le négrillon opérait des grattes lorsque Man Ninotte lui confiait de l'argent pour une commission exceptionnelle. En lui remettant sa monnaie, il gardait cinq ou dix centimes, attendait l'explosion, et, si elle ne venait pas, serrait le produit de son larcin dans sa boîte à trésor.

De centimes en centimes, il pouvait alors s'acheter un frozen, un bonbon, quelque chiclet-malabar. Revenu pour lui-même à l'épicerie, il effectuait ses achats sous l'œil méfiant de la boutiquière tout de même rassurée de ne pas le voir ramener quelque chose. La gratte est un art. Il faut obtenir de la boutiquière le plus de centimes possible. Elle n'était pas facile à la détente, la monnaie était l'énergie pure, et donc rare, de ces temps de marchandages. *Manman a dit que si tu as une petite-la-monnaie qui t'embarrasse...* La seconde étape visait à dissuader Man Ninotte de compter la caillasse qu'on lui rendait. Il fallait pour ce faire lui raconter une histoire de menteur, tortiller une question, ou l'inciter à rire. Cela marchait le plus souvent. Mais la gratte couvait de dangereuses latences : deux jours après, Man Ninotte qui avait relégué ses piécettes sur le buffet pouvait se décider à les compter. Elle interpellait alors le négrillon du haut des voussoiements de la menace, *Dites-moi cher monsieur, le pain coûte tant, je vous avais donné tant, et vous m'avez rendu tant, où sont passés les cinq centimes ?...* En fait, elle tolérait la gratte, un peu comme la récompense de celui qui galopait sans fin pour les commissions et affrontait si souvent les ennuis du carnet. Ses interpellations visaient juste à démontrer au négrillon qu'au jeu des macaqueries, on trouvait toujours meilleur macaque...

Souvent, après qu'il eut bafouillé sur les centimes manquants, elle lui fourrait la monnaie dans la main, en lui disant *Mi ta'w*, voici ta part... Quand son trésor de guerre augmentait ainsi, le négrillon se mettait à le mignonner, s'ingéniait à ne pas y toucher. Près du bassin, il s'attardait au nettoyage de ses pièces, les frottant à la cendre et au vinaigre jusqu'à ce qu'elles luisent comme des yeux de chat noir. Avec elles, il suscitait la bave des autres négrillons de la maison, aussi experts que lui en grattes de toutes sortes mais détenteurs d'un trésor pas vraiment impeccable.

bawouf!
l'animal fond sur tes billes
et disparaît avec
la cristal
la fer
et la bolof au cœur de gloire
enrage mais poursuis ton jeu avec la canique
rêche
saison grave des triangles

La bande du négrillon commençait à connaître des soucis d'argent. Il y avait tant de sucreries à se gagner. Les plus grands élaborèrent un système lucratif. Les bouteilles, en ces temps, avaient quelque valeur. Ils se mirent à en conserver, les raflant dessous l'escalier, les ramassant si elles traînaient. Ensemble, ils opéraient des séances de nettoyage. Bouteilles, bocaux, dames-jeannes brillaient au soleil comme des diamants sculptés. Devant la porte, le samedi, quand les gens de la campagne s'amassaient dans la rue, ils exposaient leurs bouteilles sur une planche. Le négrillon, campé sur le trottoir, criait : *Belles bouteilles! Belles bouteilles! Belles dames-jeannes! Belles dames-jeannes!...* En un rien de temps, le client s'arrêtait, et entamait les marchandages. Les négrillonnes du groupe s'y révélaient expertes et bien plus obstinées. Avant onze heures, les bouteilles blanches s'épuisaient, les dames-jeannes rapportaient une fortune. Le trésor se partageait selon des lois qui demeurèrent étranges au négrillon, car les grands mesuraient leur part à l'aune obscure du droit d'aînesse.

A treize heures
les Avis d'obsèques gémissent à la radio
chaque cœur
égrène le chapelet des déveines
et sous l'émoi
s'épelle un peuple

Une bouteille servait à quarante-sept mille choses. La vie s'y préservait en petits bouts, en eaux de gestes, en liqueurs de tendresse, en alcoolat de rancœur, en grains de regard, en réserves des lentilles de la chance. On embouteillait l'air d'une année écoulée et le ratafia scintillant des minuits de pleine lune. On gardait sous bouchon les rosées les plus claires et le dernier souffle des innocents. La bouteille était un objet rare. C'était un bel objet. Il existait au marché de vrais vendeurs de bouteilles. Ils traînaient leurs produits dans de petites brouettes, ramassaient par ici et revendaient par là. Des fois, ils nous achetaient nos stocks. Mais c'était moins intéressant car ces nègres aux paupières bleues, sentant la résine de gaïac, ne marchandaient jamais.

L'autre moyen d'augmenter les trésors consistait en une tournée dans les canaux ouverts. Les gens de la campagne perdaient leurs sous dans les rues du samedi. Les maladresses projetaient des pièces dans les canaux aveuglés d'une eau sale. Seuls les plus en-chien y risquaient la main, car c'était mettre en évidence un état nécessiteux que de s'agenouiller pour une petite monnaie à l'abord d'un canal. Les pièces demeuraient donc où elles étaient tombées. Il nous suffisait d'attendre le samedi après-midi (quand la ville s'apaise, juste avant le passage des balayeuses de la mairie) et de partir en bande à la récolte des sous perdus. Un aimant traîné au bout d'une ficelle ramenait sept cents clous et

161

nous captait les pièces. Avec un bâton, on pouvait touiller l'eau sale, pour dévoiler une tremblée métallique. Quand il n'y avait pas d'eau, les canaux condensaient une couche noirâtre dans laquelle tout s'enfouissait. Là, il fallait jouer du bâton seul, tout au long de la rue, et s'aiguiser l'œil pour reconnaître, dans la chose momifiée, l'arrondi d'un sou, la courbe bonne d'une piécette.

Ne ramasse pas les porte-monnaie entiers. Rapporte-les à la police. L'ouvrir c'est prendre un risque. Un porte-monnaie entier, c'est trop beau, trop facile, pour ne pas être un vice.

Dans les canaux ouverts de Fort-de-France, il y avait de tout. Les trésors bien sûr, mais aussi de vieux mantous bleuâtres. Couverts d'un poil dressé, ils levaient vers nous les pinces de la menace. Les Grands disaient qu'il ne s'agissait pas de crabes, mais de vieux nègres basculés d'un commerce avec le diable-ziguidi. N'ayant peut-être pas honoré la dette de ce commerce, ils avaient vu leur richesse prendre sécheresse, leurs affaires se défaire, et eux-mêmes avaient mué. Un matin de rasage, le miroir leur avait reflété la mauvaise nouvelle : un poil par-ci, une carapace bourgeonnante par-là. Ils s'étaient vus forcés d'aller se cacher dans les bois, puis dans les mangroves, puis dans les trous, puis dans les canaux où ils ne risquaient pas de rencontrer les véritables mantous peu aimables avec eux. Jeanne-Yvette bien entendu confirma cette affaire.

Intrigué, le négrillon se mit à observer les mantous de son mieux, à tenter de surprendre dans leur regard un rien d'humanité. Épouvanté pourtant par ces crabes démoniaques, il était prêt à chercher moyen de briser le maléfice. Il ne vit jamais rien dans leurs yeux sur échasses, et n'eut jamais le courage de s'en saisir pour vérifier si leur nature de crabe conservait un signe de ce qu'ils avaient été. On n'en trouvait jamais de morts, ils semblaient vivre cimentés dans le temps, avec pour seule saison une douleur sans dimanche. Jeanne-Yvette lui expliqua qu'à force de ruer leur humanité sur la rêche carapace, elle s'effritait, petit couillon, et devenait une de ces boues incrustées à jamais dans les eaux du canal. *La carapace demeurait vide, indestructible, et habitée d'un long soupir* — murmurait-elle, hallucinée.

C'est le fils de Man Ninotte et d'un tel le facteur, des gens du Lamentin ma chère, on dit que... Le négrillon était une politesse, ambulante avec les grandes personnes. Elles avaient autorité sur lui et ne devaient jamais subir l'affront d'un regard dans les yeux. Qui venait se plaindre de lui à Man Ninotte était reçu comme un parent.

Les mantous se découvraient dans des canaux que les balayeuses ne nettoyaient jamais. Ils stationnaient leur pose de guerre auprès d'antiques médailles d'églises, de bris de chapelets, d'images pieuses décolorées, de garde-corps défaits et de petits quimbois sous sachet plastique, qui nous précipitaient en débandade.

Les trésors des canaux servaient surtout aux séances du cinéma-quatre-heures. L'après-midi du dimanche, la marmaille de la ville convergeait en file de fourmis folles vers le cinéma Pax, devant le presbytère. Le négrillon était habillé comme pour un baptême, son short de laine grise, ses souliers noirs, sa chemise blanche des messes, sa raie tracée sur le côté. Dans un vent d'eau de Cologne, ses frères et lui, et le reste de la bande, descendaient. Il fallait arriver tôt car la bataille était rude. S'accrocher aux grilles de la porte et attendre pour la ruée. Pas de file patiente, ordonnée, respectueuse, mais un assaut sans quartier ni merci qui enveloppait la cage où un chabin pas commode vendait ses tickets aux premiers arrivés. Le négrillon n'eut pas à batailler, Paul ou quelque Grand s'en chargeait. Dans un coin protégé, il assistait en compagnie des plus petits au bouillonnement terrible. L'attente était parfois cruelle. Paul pouvait émerger au guichet pour s'entendre dire qu'il n'y avait plus de places. Et plus de places signifiait que le moindre interstice, avec siège ou sans siège, était accablé désormais d'une empilée de spectateurs.

Parvenu au guichet, le combattant-cinémateur prenait racine, et ses amis, frères, cousins, camarades, connaissances vagues, lui passaient leur argent et lui commandaient moult tickets. Ainsi donc, chaque combattant extrayait du guichet pas moins d'une dizaine de places. Cette pratique communautaire dégénérait parfois en système de pillage. On pouvait se trouver, de ce fait, à deux centimètres de la victoire et demeurer crucifié derrière un arrivé qui épuisait sans vergogne les billets restants, à mesure que ses généraux à trois mètres en arrière organisaient cyniquement cette odieuse mise à sac.

Ne pas trouver de place était un grand malheur. On sombrait dans une détresse sans médecine. Il n'y avait plus rien à faire sinon s'en aller mâcher mollement deux cornets de pistaches sous les tamariniers de la Savane. La Savane était un lieu vibrant de promenades. Dans un kiosque, un orchestre municipal flonflonnait des musiques civilisées. La parole du banc des sénateurs refaisait le monde autour des amourettes de jeunes filles, les coulées de jeunes brailles. Sous la fraîcheur des branches basses, les marchandes de douceurs proposaient les péchés pour la bouche. On montait, descendait, le bras noué à un bras bien plus chaud que le sien. On y dissipait l'engourdi d'une sieste et l'asphyxie d'une pensée soucieuse. Ce n'était pas un lieu pour enfants. Le négrillon sevré de cinéma s'y trouvait pénitent. Il ne l'apprécierait que plus tard, au moment où, hélas, la Savane perdrait de son âme sous les tamariniers vieillis et au long des allées n'abritant plus de leurs anciens soupirs qu'un aboulique écho noyé dans le kiosque vide.

Mais le plus souvent, le Grand de combat émergeait de l'émeute avec le poing fermé. Il nous l'ouvrait sur un chiffonnement de petits cartons roses qui nous précipitaient dans une joie sans mélange. Dans cette remontée sauvage, nous nous mettions à injurier les pilleurs de tickets afin de leur signifier notre amour de la vie. Et on investissait le temple de l'image, assis par terre ou sur un siège de bois, dans une ambiance de kermesse soûle. La joie d'y être débondait chez tous une frénésie gaillarde. On avait du mal à demeurer assis, il fallait se lever, héler ses hauts faits, signaler sa présence afin d'attester d'une guerre victorieuse. On en profitait pour repérer d'un regard circulaire les ennemis invisibles en semaine, et, dressé sur son siège qu'il ne fallait pas quitter, on les menaçait de loin, d'une voix de vacarme au-dessus du vacarme. En fait, le cinéma avait commencé dans la salle. Les comiques tenaient séance devant cette aubaine de public. Les parleurs et blagueurs se dressaient droits dans un cirque jovial que l'on encourageait. En ce temps-là, aucun applaudissement, mais de précises modulations de gorge que la langue créole a aujourd'hui perdues.

Quelquefois, un Major arrivé en retard ne trouvait pas de place assise. Les Majors furent une catégorie de guerriers permanents. Hommes à combat, dominateurs, ils régnaient sur un quartier, une rue, sur un côté du monde, et se partageaient la ville en d'innombrables fiefs. Qu'ils ne soient pas installés sur un siège lors d'une séance de cinéma était impensable. Le Major attardé entrait donc en braillant *Mi mwen*, me voici. Cette arrivée provoquait un silence visqueux car chacun était menacé de perdre sa place, sauf, bien entendu, les autres Majors déjà assis. Un Major n'attaque jamais un autre Major, sauf pour des affaires de territoire ou bien de protection. Le Major en retard avançait donc dans un silence spectral, sa laideur de chenille accentuée par une mine sans baptême. La rangée qu'il dépassait retrouvait son souffle, celle qu'il abordait avec ses yeux atroces suffoquait net. Les Majors s'asseyaient dans les trois premiers rangs dont les places étaient les plus convoitées : elles permettaient d'être assis dans l'écran. A ce niveau, le Major en retard s'introduisait dans l'allée déjà pleine et s'affalait dans le siège qu'il s'était choisi, sur les genoux d'une terrifiée victime.

La suite pouvait emprunter des voies multiples. Le négrillon vécut tous les scénarios au fil des dimanches de ses âges. *D'abord le plus simple* : l'infortuné se lève et s'en va s'asseoir dans un coin libre du sol, en murmurant *Excuse-moi directeur, je savais pas que c'était ta place... Le plus tragique* : l'infortuné se rebiffe. Le Major, qui ne demande que cela, le terrasse. Il lui brise d'abord l'esprit avec deux trois paroles, une précision sur sa manman, puis lui assène une calotte en lui ordonnant d'aller-coucher comme on le fait aux chiens-fer. La salle autour d'eux ouvre un cercle de prudence et retrouve ses marques quand le Major s'est rassis... *Le plus sanglant et aussi l'assez rare* : l'infortuné se bat. Il sort sa jambette sans trouver le temps de la lever car, au rasoir sillonnant, le Major lui a déjà signé six ou sept fois son nom. Émoi dans la salle qui reflue vers les portes. La séance de cinéma ne reprend que plus tard, après le surgissement de la police et la disparition des combattants.

Quelquefois, le Major en retard choisissait la place du protégé d'un autre Major déjà assis. L'infortuné demeurait dessous son agresseur dans l'attente que son protecteur se signale. Cela ne tardait pas. Le Major déjà assis se levait de quelque part et interpellait l'autre dans une lenteur de western :

— Dites donc, cher monsieur-machin, vous n'avez pas remarqué que vous êtes assis sur quelqu'un ? Et que ce quelqu'un est mon petit frère ? le sang de mon propre sang ? et la chair de ma propre manman aujourd'hui défunte sans communion ?

— J'entends un chien aboyer mais je ne vois personne ? Quel est le chien qui veut parler mais qui aboie ?

— Les chiens ne parlent pas, sauf peut-être toi-même.

Venait alors (avant le conflit qui eût été terrible) l'identification. Elle pouvait se faire en paroles *(Demande pour moi, Charlot-zouti, à la treizième fontaine du bordecanal...)*, mais le plus souvent, elle était silencieuse. Ils se reconnaissaient, s'évaluaient, se comptaient les cicatrices (ou leur surface de peau demeurée saine), et le Major-en-retard changeait de place. Il s'effondrait sur un voisin qui s'en allait au diable sans compter sa monnaie.

Pour que le film commence, il fallait aveugler deux séries de fenêtres situées en hauteur dans la salle. On y accédait par de serpentines passerelles. L'opérateur de cette délicieuse manœuvre était un dénommé Tintin (crié comme ça, en raison d'une coiffure en pointe au-dessus de son front). Il était réclamé à grands cris quand il tardait, et son apparition, signalant l'imminence du film, se voyait ovationnée. Tintin connut ainsi chaque dimanche, durant un lot d'années, des minutes de gloire. Il fermait les fenêtres une à une. Chaque fermeture était saluée comme un exploit d'Hercule. La salle perdait lentement de sa lumière. L'ombre instillait un silence relatif dans un hoquet des respirations. On s'acagnardait dans les fauteuils, on écartait les orteils, on déroulait son cornet de pistaches. Une innocence retrouvée arrondissait les paupières, écroulait la mâchoire dessous la bouche ouverte. Les plus nerveux sifflaient des chuuut sonores et s'énervaient sur leur propre bruit. Tintin disparaissait derrière l'écran. On l'entendait actionner la manivelle du rideau qui hésitait, se coinçait, revenait, nous fatiguait au maximum, puis, tout soudain libéré, s'ouvrait sur la blancheur magique de l'écran frappé là même des actualités de la Gaumont.

Les films étaient des affaires d'épées, de grands spectacles romains, des westerns-django, des enquêtes de détectives. C'étaient Hercule, Maciste, Robin des bois, Tarzan. Les traîtres se repéraient à leurs barbiches noires, leur regard oblique capté en gros plan et à leur teint méditerranéen. Dans les westerns, les Indiens apparaissaient justifiables de tous les massacres. Les Chinois laveurs de linge nasillaient des politesses mécaniques. Les nègres y surgissaient à moitié imbéciles, avec de gros yeux mobiles, un effroi permanent. Ils peuplaient le décor de serviteurs zélés, de barmen béats, de statues de jazz, de sauvages irrémédiablement grimaçants et dentelés. Leur apparition provoquait un éclat de rire généralisé de la salle qui devenait nerveuse. Le négrillon lui-même ne percevait entre lui et cette représentation aucune commune engeance. Indigène voulait dire nègre, sauvage aussi, méchant souvent. Nous étions Tarzan et jamais les demi-singes qu'il terrassait. Le processus des films fonctionnait à plein. Nous nous identifiions aux plus forts, toujours blancs, souvent blonds, avec des yeux sans cesse tombés du ciel, nous enfonçant sans le savoir dans une ruine intérieure. Le négrillon devra par la suite opérer la formidable révolution de se considérer nègre, et apprendre obstinément à l'être. Plus tard, il dut apprendre à être créole.

Quel rêve qu'un film-cinéma! On perdait pied dans l'écran. On sursautait aux émotions de la

musique. On absorbait les sentiments et les ten-
dresses. C'était suer dans les bagarres, frisson-
ner dans les neiges, s'essouffler dans les pour-
suites, se glisser sous les sièges quand un colt en
gros plan assassinait la salle. On mourait à
grand spectacle quand un Bon se voyait crever.
Les traîtres étaient menacés à haute voix, les
faibles femmes qui empêtraient l'action, ren-
voyées sous mépris à leur basse condition.
Régnait un vacarme sans manman. Seule pouvait le réduire la montée d'un suspense, une
glaciation d'angoisse inoculée par une note lan-
cinante soutenue en crescendo. Que le maître-
pièce, héros du film, perde bêtement sa vie
après une belle phrase n'était jamais rentable
pour le directeur de la salle. Il y perdait quelques sièges du fait d'une obscure responsabilité
que nous lui imputions.

Il n'y avait jamais de mauvais film, tout était
bon, tout était grand, tout méritait que l'on en
parle, que l'on raconte, que l'on rejoue et que
l'on mime tout au long de la semaine jusqu'à
exaspération de Man Ninotte, qui ne mettait
jamais les pieds au cinéma.

Les heures de cinéma permettaient à Man
Ninotte de se reposer de nous. Elle reposait son
esprit et sa voix. Nous la retrouvions placide
derrière sa machine à coudre ou au centre

d'une semaille multicolore tombée du travail de ses fleurs en papier. Elle nous interrogeait à peine sur notre film-cinéma, mais vérifiait si chaque chemise ramenait ses boutons. Le négrillon se lançait dans de profondes explications à propos de ce qu'il avait vu. Paul et Jojo semblaient toujours avoir vu un autre film. Consternés, ils demandaient à Man Ninotte si cette souris délirante était bien leur petit frère.

Notre arrivée renvoyait la guerrière à sa guerre. Elle quittait sa machine pour s'atteler à sa cuisine. Soupe du soir. Pain du goûter-cinq-heures. Préparation du linge de la semaine d'école. Le négrillon devait se déshabiller, plier ses vêtements et les suspendre dans la penderie. Il ne lui restait plus qu'à s'accouder à la fenêtre et tenter de percevoir au-dessus de la ville morte ce qui avait bien pu lui échapper dans le film qu'il avait vu.

> Corossol
> toute voracité s'écœure
> dans ses abondances blanches
> cette saison n'est plaisir
> qu'en mamelle d'un lait neuf

Le dimanche après-midi, Fort-de-France devenait un silence. On ne voyait passer qu'un vent marin, dénoncé par les poussières, et les miettes de la vie. Dans certaines rues, l'air vitré asphyxiait les plantes des balconnets. Les boiseries ouvragées. Les persiennes closes. Les gouttières élochées. Les volets bougés par d'invisibles personnes. Cela vivait d'une vie ténue. Les couloirs laissaient deviner au bout de leur allée sombre, la fraîcheur d'argile d'une cour intérieure : les mulâtresses entretenues s'y livraient aux rêveries. Des persiennes filtraient le zonzon diffus d'un repas finissant, ou parfois, chez les gens-gros, d'un piano savouré dans la quiétude d'une famille. Le négrillon, en errance solitaire d'après-cinéma, commençait juste à toucher à sa ville. Il ne savait pas déterminer les époques des façades, ni leurs styles. Il la sentait à la fois jeune et vieille — jeune du fait d'un peu de mémoire, vieille parce qu'elle portait dans ses bois l'ancienneté des choses refaites. Il ignorait encore les incendies nombreux, et sentait juste chaque maison ruminer des souvenirs de veuve.

La cathédrale lui redonnait une vie. La messe du soir aimantait l'existant. Des négresses à chapelets, porteuses d'âges sous des voiles noirs et des bijoux d'or massif, clopinaient sur le trottoir en une lente transhumance. Des mulâtresses fleurissaient aux couloirs en soutenant leur mère négresse. Des quimboiseurs aux ongles longs pointaient raides à l'aisselle une canne de pouvoir. Déjà, les cloches vibraient le bois. Le

rouge d'une torture coulée du ciel ensanglan-
tait le haut des façades et les vitres poussié-
reuses. Puis — hébin! — l'ombre avalait tout.
Flap, en une prise de mangouste à la gorge
d'une poule. Ce n'était pas la nuit, ce n'était
plus le jour, mais déjà s'élevait de nulle part la
rumeur des insectes nocturnes. Le négrillon,
toujours à sa fenêtre, se faisait attentif.

La rue n'était plus qu'un jeu d'ombres et de
clartés lunaires, avec parfois, ici ou là, le poin-
çon jaune d'une ampoule publique. S'ouvraient
en ces instants les portes de la merveille. Dans
une lenteur d'herbe qui pousse, elles tournaient
sur leurs gonds silencieux. Les ombres se peuplaient du bourdonnement des savanes sèches
sous un filet de vent. Les mantous maudits quit-
taient leurs eaux. Des rats qui n'en étaient pas
s'en allaient à l'aventure des charmes à vaincre.
Là, un voile de diablesse ondulait sous un bal-
con. Le lamentable galop du cheval-trois-pattes
tentait de se fondre au battement d'un volet.
Des voitures somnambules surgissaient sans
chauffeurs au coin des rues, puis repartaient en
arrière. Un engagé se mêlait à quelques
chauves-souris, mais le bruit de son aile, lourde
d'un plein tristesse, se distinguait quand même.
Parfois, un zombi feignait d'être un nègre sorti
du cinéma, il allait d'un pas rapide comme on
va sous la pluie, mais, se trompant, il plaçait son

175

ombre n'importe où. Et rien ne lui ôtait son regard sans paupières, sa courbe silhouette de bougie-cimetière, cette impossible fleur de bambou exhibée à son oreille et qu'il destinait aux diablesses sentimentales de ses amours peu catholiques. Le négrillon était devenu un docteur en ruses de la merveille. Il savait combien le réel y puisait pour qu'une vie tienne debout. Mais à qui raconter ça? Et quel sommeil trouver dans un noir si peuplé? Et comment ne pas être inquiet quand Man Ninotte, inconsciente, soufflait la dernière lampe?

Les nègres-chauffeurs klaxonnaient dès l'aube en traversant la ville, klaxons longs, klaxons brefs, klaxons fins ou à trente mille sillons. Ils klaxonnaient aux intersections pour rappeler une priorité, saluer un ami, alerter un Syrien, assurer on ne sait qui d'une tendresse fidèle. Avec le klaxon dont ils étaient experts, ils injuriaient, pleuraient, riaient, signalaient un contentement, une admiration pour un bonda de merveilleuse, un bonheur indicible. Ils tenaient de compliqués dialogues ou des disputes multisonores. Quand aucun prétexte ne se présentait, ils klaxonnaient pour vérifier la rassurante présence de leur klaxon auquel, une fois bloqué, ils conféraient l'occulte pouvoir d'anéantir l'embouteillage. La ville à midi devenait une clameur bariolée que Man Ninotte maudissait du haut de sa fenêtre — et mille klaxons de haine lui répondaient de concert, sans une faille.

Il y avait des punaises, ne pas le dire serait mentir. Il existait de ce fait un tueur de punaises, un homme anglais au destin exilé. Il allait porteur d'un tréteau à ficelle, couvert de fioles aux noms étranges, de boules odorantes, d'insecticides mouillés et d'une charge de poudres bleues contre les dernières punaises qui infectaient les lits. Son cri d'appel était *Pipipipipinaise!* — et nul ne se doutait que c'était son cri de vie. Il arpentait les abords de marchés, ouaté de gentillesse, ne semblait jamais pratiquer un commerce mais rendait des services. Il mourut lui-même à la disparition des bestioles qu'il combattait, il disparut avec elles, un de ces jours hors du calendrier, et mille saisons durent s'écouler avant qu'on ne s'avise non de l'extinction de ses punaises, mais qu'il n'était plus là. Mémoire, tu t'emballes?

Les manmans cultivaient la fierté. Il était impensable que leurs enfants puissent ne pas bien manger. La hantise du plat vide est de culture créole, elle rôde dans l'histoire et parvient jusqu'aux cases de la ville. Des fois, la déveine prenait pied sans annonce. Cette vouivre (générée d'un carnet impossible à solder) supprimait le poisson, la sardine, même le fruit-à-pain, ne restaient plus que le pain et les œufs. Alors, la manman fermait la porte sur sa condition. L'on devait manger à l'intérieur et ne pas pointer au-dehors où l'œil malveillant se tenait à l'affût. Chacun surveillait l'autre sans pitié. A qui ne pouvait disposer que de beurre margarine, on montrait son vrai beurre. Sur qui ne mâchouil-lait qu'un œuf, on ventilait le fumet d'une fri-cassée de tortue. Mais à qui n'avait ni marga-rine, ni œuf, ni morue, on offrait sans laisser voir que l'on offrait, avec mille ruses et précau-tions. La démunie très souvent refusait, drapée dans une condition voulue haute. N'acceptant que si l'approche avait été habile ou si les enfants arboraient déjà un ventre gros du tour-billon des vents. Les manmans cultivaient la fierté.

Où s'achève l'enfance? Quelle est cette dilu-tion? Et pourquoi erres-tu dans cette poussière dont tu ne maîtrises pas l'envol? Mémoire, qui pour toi se souvient? Qui a fixé tes lois et procé-dures? Qui tient l'inventaire de tes cavernes voleuses?

L'ennui, c'était le Pinceur, un nègre à complet gris et chapeau noir de détective. Il habitait on ne sait quel côté, sans doute dans une dépen-dance de l'enfer, mais il travaillait dans la rue à quelque horlogerie. Il allait-virait à grands pas comme un commandeur en retard d'une récolte, comme si la vie ne lui accordait sur terre qu'un temps avare du temps. De plus, il détestait les enfants. L'un d'entre nous eut un jour le malheur de lui crier une bêtise, le comparant sans doute à une chauve-souris. Cultivant une rancune en bois-baume, son unique plaisir fut désormais de nous surprendre dans l'escalier, de tomber après nous comme feu sur case en paille, et nous pincer à mort. L'alerte était toujours donnée trop tard. La douleur nous mordait les côtes. Chacun était pincé trois ou quatre fois durant la fuite. Quand nous campions en haut des marches, une chance était offerte car il lui fallait grimper à pas de zombi un escalier dont les grincements le trahissaient toujours. Nous avions donc le temps de déceler l'envol de cette ombre grimaçante. O cacarelle! A nous immobiliser entre ses mains, il nous aurait, c'était clair, étranglés lentement, saccadé de plaisir. Cela dura charge d'années, puis il cessa de paraître, mais nous vécûmes l'œil posé sur la porte, guettant ce cher Pinceur qui sut nous signifier la méchanceté du monde.

Il n'y a pas de mémoire, mais une ossature de l'esprit, sédimentée comme un corail, sans boussole ni compas.

De sa fenêtre, le négrillon repérait deux saisons, les moments avec pluies et les moments sans pluies. Le plus souvent, l'œil fixe du soleil semblait régir le monde. Mais, à mesure, les saisons de vie de Man Ninotte se révélèrent bien plus nombreuses. Elles la rythmaient avec la puissance du jour et de la nuit. Son corps était branché aux saisons de la lune. Les saisons de l'igname, de la couscouche, de l'avocat régulaient son manger quotidien. Les saisons des fruits modifiaient les marchés, influençaient la ville et les journées de Man Ninotte. Que les pêcheurs traquent le poisson rouge des roches, ou qu'ils s'en aillent surprendre l'errance du poisson blanc, instituait deux saisons; selon qu'ils travaillent à la ligne, à la nasse ou à la senne, en produisait d'autres; cela ballottait la vie de Man Ninotte comme les marées le font des méduses à cheveux.

La saison du poisson rouge était une haute saison. Daubes et court-bouillon parfumaient les casseroles. Man Ninotte devait monter-descendre car la rue en alarme lui quémandait une part. Ces services amplifiaient ce qu'elle obtenait des Syriens. Elle était plus enjouée, moins disponible mais plus vaillante, et changeait le répertoire des chansons de lessives. Les pêcheurs la visitaient souvent. Ils disposaient d'un lot d'argent, donc avaient besoin de toutes choses inutiles. Man Ninotte n'arrêtait plus de battre et de débattre. Durant le poisson blanc, temps de blaff, de fritures, les urgences étaient autres. Elle allait plus tranquille, pas soucieuse car le blanc est abondant. Elle s'orientait vers le marché aux légumes où le poisson, du moment qu'il fût frais, constituait un trésor pour les marchandes des ravines boueuses. Ces dernières lui échangeaient le thazard ordinaire contre des racines inouïes et des fruits de péché. A celles du rouge et du blanc, il faut ajouter la saison des tortues, celle du soudon et des gros crabes, des titiris, et des volants, et des dizaines d'autres plus subtiles qui horlogeaient notre existence.

Ces saisons s'emmêlaient, se fondaient, cheminaient parallèles, s'influençaient l'une l'autre, démultipliant à l'infini les modes du vivre. C'est avec ces saisons que Man Ninotte marquait le temps, mesurait ses glissades et ses ralentissements. Avec elles, Man Ninotte jugeait de l'ordre du monde et des bonheurs possibles. Le négrillon en percevait chez elle d'autant mieux les effets qu'il ne comprenait pas le sens de ses démarches. Elle semblait embarquée dans ces accélérations de films muets, qui impriment au personnage les variations les plus infimes.

Lui-même, au fil de son âge, pénétrait dans les saisons d'enfants. Cela structurait son esprit comme des calendriers. La saison des yo-yo, la saison des cerfs-volants, la saison des mabes que les Français crient billes, la saison des combats-d'coqs, la saison des crabes, la saison des pistaches-cocochattes, la saison du carnaval, la saison du carême, la saison de la crèche, et l'inépuisable saison de chaque fruit de douceur (mangot à râper jusqu'à blancheur de graine, pommes-cannelle à défaire point par point, manger-corossol d'étrange lait, caïmite pour rêver de colle tendre, oh goyave des marmelades enchanteresses de la bouche...).

Je me souviens de l'icaque
oh je me souviens de l'icaque

De retour de la messe, l'une des manmans chante *Ave Maria le péché se détruira.* Elle poursuit dans un latin dont elle doit être seule à percevoir le sens (et qui ne prend sans doute de sens que par le fait qu'elle chante dans ce qu'elle dit être une langue sacrée). On la voit au calvaire — *Ave ave ave Maria* —, aux processions de semaine sainte, elle est active le vendredi de jeûne, offre à ses enfants le rara des vêpres nouvelles. Elle rayonne dans toutes les confréries, dans les pèlerinages et dans les quêtes sur voie publique aux croisées des chemins de croix. Le trente août, elle est pèlerine de Notre-Dame de la Délivrande, au Morne-Rouge. Le négrillon fut subjugué par cette négresse austère, fine, racée, au cheveu gris d'institutrice qui vivait avec des saints, des prières et le ciel; qui savait des arrières de l'église les divinités ménagères; qui ramenait d'un vieux testament, une autre manière de porter le fer dans la déveine créole. Elle était distante avec les humanités non élues par cette lumière, ne blaguait pas, souriait peu, ne semblait affectée ni par la disparition de l'eau, ni par les lendemains de cyclone, ni par les malheurs ordinaires, seules généreuses épices dans les vies d'ici-là. De son état de foi fervente, le bonheur vulgaire était exclu, mais une plénitude intérieure l'exhaussait, et jamais rien ne la désarma de cette puissante autorité.

Man Irénée vit de la vente de frites dans les rues de la ville. Elle est aussi experte en certaines pâtisseries françaises sculptées dedans des moules. Elle porte un chapeau chinois, de forme conique. Il lui a été ramené par le père de ses deux filles, un cuistot marin dont le chemin quotidien fut la cale d'un bananier en dérade permanente. Elle ne le voit qu'à l'occasion, mais plus souvent que le négrillon qui ne le vit jamais. Man Irénée est de petite taille, un peu ronde, silencieuse, elle vit devant ses fourneaux. Son appartement retentit des pluies de la friture. Quand, vers le milieu d'une après-midi, elle fait des pâtisseries, les négrillons de la maison rôdent à l'abord de sa porte, *bonjour Madame Irénée, bonjou Man Irénée...* Elle, sans un mot, avec juste un sourire dans le cœur, nous offre des gaufrettes. Elle a un faible pour les plus petits : le négrillon, plus une sorte de rondeur sur jambes, aux jambes couvertes de feux, obstinée et imprévisible : Minous. C'est l'ennemi le plus intime du négrillon. Ils se détestent sans rémission, se promettent des castrages. Chacun d'eux sait que l'un tuera l'autre dans un détour de la vie. L'une des filles de Man Irénée est une belle chabine-crème, experte dans l'agencement des dînettes en compagnie d'Anastasie. Le négrillon ne la quitte pas quand elle est là. Elle s'occupe de lui comme de son fils, le choie, le porte, ne lui refuse rien, ne semble jamais ennuyée de ses caprices. Le cœur du négrillon bat mieux avec elle.

L'un d'entre nous suçait le pouce au point de le rendre pâlot et flapi. Il ne l'abandonnait même pas pour vivre le quotidien de la maison. Il ne s'en cacherait qu'à l'extérieur, pour l'école quand elle commencera, et pour le monde quand il le saura tapi autour de nous. Man Sirène avait tout essayé afin de l'en dissuader. Les coups. Les menaces. Les railleries, les thés d'herbes et les invocations. Cela ne nous gênait pas mais gênait les grandes personnes. Bientôt, et jusqu'à ce qu'il s'en débarrasse, il subit le martyre. Man Sirène lui imprégna les pouces d'un peu de caca-poule et d'un lot de piment. L'infortuné dès lors explora les supplices de Tantale. Tendre comme aucun enfant ne le fut jamais, il allait hébété, à comme dire un cow-boy sans cheval, les pouces interdits pointés de part et d'autre de sa taille. Parfois au plus fort d'un bonheur de vivre (de ces sortes de bouffées que les enfants ont tout bonnement), il portait à la bouche — et pour le regretter long-temps, au point qu'un jour il ne les y porta plus — un de ses détestables pouces.

Ô mes frères, vous savez cette maison que je ne pourrais décrire, sa noblesse diffuse, sa mémoire de poussière. De la rue, elle semblait un taudis. Elle signifiait la misère grise du bois dans un Fort-de-France qui commençait à se bétonner les paupières. Mais pour nous, elle fut un vaste palais, aux ressources sans saisons, un couloir infini, un escalier peuplé de vies comme une niche de crépuscules, une cour, des cui-sines, des bassins, des toits de tôles rouillées où nous découvrîmes le monde en de secrètes magnificences. Située au mitan de la ville, elle nous filtrait la ville. Elle savait allier les lumières et les ombres, les mystères et les évidences. La tiédeur de son ancienne sève s'exhalait parfois dans le silence des jours de messe. Elle porte encore nos griffes et nos graffitis, elle a nos ombres dans ses ombres, et me murmure encore (mais des choses maintenant incompréhensibles) quand j'y pénètre parfois.

Ô mes frères, vous savez, elle meurt dans ses poussières. Elle s'étouffe de souvenirs. L'escalier a rétréci. Le couloir est devenu étroit et un entrepôt l'a réduit des trois quarts. La cour aussi a été réduite, elle semble n'avoir jamais connu de cuisines ni porté de bassins. Dans le peu d'espace qui demeure, Man Ninotte (la seule à y rester encore) cultive une jungle créole nourrie comme nous de cette lumière, de cette humidité, visitée de libellules et de silences sertis dans les éclats amoindris de la ville.

Oh mes frères, je voudrais vous dire : la maison a fermé une à une ses fenêtres, se détachant ainsi, sans cirque ni saut, du monde, se refermant à mesure sur sa garde d'une époque, — notaire fragile de nos antans d'enfance.

Mes frères Ô, je voudrais vous dire

Fort-de-France, 3 octobre 1989.

DU MÊME AUTEUR

Aux Éditions Gallimard

CHRONIQUE DES SEPT MISÈRES, *roman*, 1986. Prix Kléber-Haedens ; prix de l'île Maurice.

CHRONIQUE DES SEPT MISÈRES *suivi de* PAROLES DE DJOBEURS. *Préface d'Édouard Glissant* (« Folio », *n° 1965*).

SOLIBO MAGNIFIQUE, *roman*, 1988 (« Folio », *n° 2277*).

ÉLOGE DE LA CRÉOLITÉ, avec Jean Bernabé et Raphaël Confiant, *essai*, 1989.

ÉLOGE DE LA CRÉOLITÉ/*IN PRAISE OF CREOLENESS*, 1993. Édition bilingue.

TEXACO, *roman*, 1992. Prix Goncourt 1992 (« Folio », *n° 2634*).

ANTAN D'ENFANCE, 1993. *Éd. Hatier*, 1990. Grand prix Carbet de la Caraïbe (« Folio », *n° 2844* : *Une enfance créole*, I). Préface inédite de l'auteur.

ÉCRIRE LA PAROLE DE NUIT. LA NOUVELLE LITTÉRATURE ANTILLAISE, *en collaboration*, 1994 (« Folio Essais », *n° 239*).

CHEMIN-D'ÉCOLE, 1994 (« Folio », *n° 2843* : *Une enfance créole*, II).

L'ESCLAVE VIEIL HOMME ET LE MOLOSSE, *roman*, 1997. Avec un entre-dire d'Édouard Glissant (« Folio », *n° 3184*).

ÉCRIRE EN PAYS DOMINÉ, 1997 (« Folio », *n° 3677*).

ELMIRE DES SEPT BONHEURS. *Confidences d'un vieux travailleur de la distillerie Saint-Étienne*, 1998. Photographies de Jean-Luc de Laguarigue.

ÉMERVEILLES. *Illustrations de Maure*, 1998 (« Giboulées »).

BIBLIQUE DES DERNIERS GESTES, *roman*, 2002 (« Folio », *n° 3942*).

À BOUT D'ENFANCE, 2004 (« Haute Enfance ») (« Folio », *n° 4430*).

Chez d'autres éditeurs

MANMAN DLO CONTRE LA FÉE CARABOSSE, *théâtre conté*, Éd. Caribéennes, 1981.

AU TEMPS DE L'ANTAN, *contes créoles*, Éd. Hatier, 1988. Grand prix de la littérature de jeunesse.

MARTINIQUE, *essai, Éd. Hoa-Qui*, 1989.

LETTRES CRÉOLES, *tracées antillaises et continentales de la littérature. Martinique, Guadeloupe, Guyane, Haïti, 1635-1975*, en collaboration avec Raphaël Confiant, *Éd. Hatier*, 1991 (Nouvelle édition « Folio essais », *n° 352*).

GUYANE, TRACES-MÉMOIRES DU BAGNE, *essai, C.N.M.H.S.*, 1994.

LES BOIS SACRÉS D'HÉLÉNON, en collaboration avec Dominique Berthet, *Dapper*, 2002.

Impression Novoprint
á Barcelone, le 7 février 2007
Dépôt légal: février 2007
Premier dépôt légal dans la collection: juin 1996

ISBN 978-2-07-040001-0./Imprimé en Espagne.